¡A explorar!

LIBRO DE ACTIVIDADES 1

T0333216

DIANA CAROLINA NEVA PRIETO

Series editor
Tracy Traynor

Series contributors and consultants
Samantha Broom, Marisha Charles-Alexis, Louise Fonceca, Sinda López Fuentes,
Symonette Hibbert, Keiba John, Chimene Moonsammy, Diana Carolina Neva Prieto,
Karen Peterson, René Young Romero, Clare Shephard, Catherine Stuart,
Tracy Traynor, Candida Williams

William Collins' dream of knowledge for all began with the publication of his first book in 1819.

A self-educated mill worker, he not only enriched millions of lives, but also founded a flourishing publishing house. Today, staying true to this spirit, Collins books are packed with inspiration, innovation and practical expertise. They place you at the centre of a world of possibility and give you exactly what you need to explore it.

Collins. Freedom to teach.

Published by Collins
An imprint of HarperCollins*Publishers*
The News Building
1 London Bridge Street
London
SE1 9GF

HarperCollins*Publishers*
Macken House, 39/40
Mayor Street Upper, Dublin1,
D01 C9W8, Ireland

Browse the complete Collins catalogue at
www.collins.co.uk

© HarperCollins*Publishers* Limited 2019

10 9 8

www.collins.co.uk/caribbeanschools

ISBN 978-0-00-830148-4

British Library Cataloguing-in-Publication Data

A catalogue record for this publication is available from the British Library.

Author: Diana Carolina Neva Prieto
Series editor and content consultant: Tracy Traynor
Publisher: Elaine Higgleton
Commissioning editor: Lucy Cooper
Content editor: Holly Woolnough
Development editor: Sinda López Fuentes
Proofreader: Ana Cristina Llompart Lucas
Cover designer: Kevin Robbins and Gordon MacGilp
Cover photograph: PONOMARCHUK OLGA/Shutterstock
Typesetter: Ken Vail Graphic Design Ltd
Illustrators: Priyankar Gupta, QBS Learning and Ken Vail Graphic Design Ltd
Production controller: Lyndsey Rogers
Printed and bound in India by Replika Press Pvt. Ltd.

This book is produced from independently certified FSC™ paper
to ensure responsible forest management.

For more information visit: **www.harpercollins.co.uk/green**

The publishers gratefully acknowledge the permission granted to reproduce the copyright material in this book. Every effort has been made to trace copyright holders and to obtain their permission for the use of copyright material. The publishers will gladly receive any information enabling them to rectify any error or omission at the first opportunity.

Contents

1 ¡Español para todos!

1 Elige y traduce 10 palabras.
Choose and translate 10 words.

1 interactivo
2 _____
3 _____
4 _____
5 _____
6 _____
7 _____
8 _____
9 _____
10 _____

interactivo   importante
correcto   insecto   fantástico
arte   delicioso   nación   cultura
foto   enorme   plástico   familia
música   momento   excelente
electrónico   actividad
turista   emergencia

2 Escribe la conversación en orden.
Write the conversation in order.

| ¡Adiós, Leonardo! | | ¡Hola! | | Me llamo Diana. |

| Yo soy Leonardo. ¿Y tú, cómo te llamas? | | ¡Hasta mañana, Diana! |

- ¡Hola! _____
- _____
- _____
- _____
- _____

3 Elige las palabras correctas.
Choose the correct words.

1 Me **soy** / **llamo es** / (**llamo**) Sara.
2 Mi **llamo** / **nombre** / **soy** es Lucía.
3 **Soy** / **Llamo** / **Yo** Roberto.
4 **Adiós** / **Hasta** / **Chao** mañana, Caro.
5 ¿Cómo te **llamo** / **llama** / **llamas**?
6 Mis amigos me **llamo** / **llaman** / **llama** Mari.

4 Empareja las frases.
Match to make sentences.

1 Hablo
2 Y tú,
3 Sí, hablo un
4 Hablo inglés
5 Anton
6 ¿Dónde

a poco de francés.
b se habla español?
c y un poco de español.
d inglés.
e ¿hablas español?
f no habla criollo.

→ Gramática: **regular verbs** SB p. 185

5 Escribe cada país en orden.
Write each country correctly.

1 baolioCm
Colombia

2 al cpiblReaú oniDcanami

3 rcgiauaaN

4 amutelGaa

5 otaCs iacR

6 icMoéx

7 eenuVleaz

8 lE alvarodS

9 aamáPn

10 donraHsu

11 aubC

6 Escribe los números en letras.
Write the numbers in words.

10 _diez_

7

8

2

3

5

1

6

4

9

7 Completa las secuencias.
Complete the sequences.

1 siete, cinco, tres, _____

2 ocho, siete, _____ , cinco

3 _____ , cinco, siete, nueve

4 uno, cuatro, siete, _____

5 ocho, seis, _____ , dos

6 uno, dos, tres, cinco, _____

8 Elige las palabras correctas.
Choose the correct words.

1 Yo **soy** / **es** colombiana.

2 Tú **soy** / **eres** puertorriqueño.

3 Sofía **eres** / **es** de Cuba.

4 Mi mamá **eres** / **es** de Honduras.

5 Mi papá **es** / **soy** guatemalteco.

6 ¿Y tú, Ricardo, de dónde **soy** / **eres**?

→ Gramática: *adjectives* SB p. 184

9 Completa el cuadro.
Complete the table.

País	⚊	⚊
Cuba	cubano	
Panamá		
Colombia		
Venezuela		
Costa Rica		
Nicaragua		

10 Completa las frases con las formas correctas del verbo *hablar*.
Complete the sentences with the correct forms of the verb hablar.

1 Ana _habla_____ español.

2 Yo _____ un poco de inglés.

3 Tú no _____ español ni inglés.

4 Él _____ francés y español.

5 Mi papá _____ español, inglés y francés.

6 La mamá de Inés _____ francés.

11 Empareja las frases.
Match to make sentences.

1 ¿Cómo te llamas?   **a** Soy de Colombia.

2 ¿De dónde eres?   **b** Adiós.

3 ¿Cuál es tu nacionalidad?   **c** No, soy venezolano.

4 ¿Eres cubano?   **d** Sí, un poco.

5 ¿Hablas español?   **e** Me llamo Iván.

6 Hasta mañana.   **f** Soy salvadoreño.

12 Contesta las preguntas. Escribe frases completas.
Answer the questions. Write full sentences.

1 ¿Cómo te llamas?

_Me llamo …_____

2 ¿Cuál es tu nacionalidad?

_____

3 ¿De dónde eres?

_____

4 ¿De dónde es tu madre?

_____

5 ¿Qué idioma hablas?

_____

6 ¿Qué idioma habla tu profesora?

_____

➜ Gramática: **ser** SB p. 185; **regular verbs** SB p. 185

1 Completa el crucigrama con las nacionalidades de los países.
Complete the crossword with the nationalities of the countries.

Horizontal

1 Argentina
3 Paraguay
4 Ecuador
6 Colombia
8 España
9 Uruguay
10 Peru

Vertical

2 Estados Unidos
5 Bolivia
7 Chile

1 | a | r | g | e | n | t | i | n | o |

2 Túrnate con tu compañero/a.
Take turns with your partner.

¿De dónde eres?   Soy de Venezuela. Soy venezolano.

Venezuela   Barbados   Colombia   Trinidad y Tobago

Belice   Bahamas   Jamaica   Guyana

3 Completa las frases con las formas correctas del verbo *ser*.
Complete the sentences with the correct forms of the verb ser.

soy   eres   es   somos   son

1 Jaden y yo _somos_ de Trinidad y Tobago.

2 Mi padre no _____ guyanés.

3 Mis padres _____ barbadenses.

4 Mi mamá _____ de Jamaica.

5 Yo _____ de Estados Unidos.

6 Mi amiga y yo _____ cubanas.

➜ Gramática: *ser* SB p. 185

4 **Lee los textos. Lee y contesta las preguntas.**
Read the texts. Read and answer the questions.

¡Hola, chicos! Soy Edna, su profesora de español. Soy ecuatoriana. En Ecuador se habla español. Yo hablo español, inglés y francés.
Edna

¡Buenas tardes! Soy Lucía y soy de Bahamas. Hablo inglés. Este es mi amigo Pedro. Él es argentino. Habla español y un poco de inglés.
Lucía

¡Hola, clase! Me llamo Ian y soy trinitense. Hablo inglés y un poco de español. Esta es mi amiga Carolina. Ella es colombiana y habla inglés y español.
Ian

¡Hola! Me llamo Mike y mi amiga se llama Brenda. Somos de Jamaica. Hablamos inglés y criollo.
Mike

1 ¿Qué idiomas habla Edna?
  Edna habla español, inglés y francés.

2 ¿De dónde es la profesora de español?
  _____

3 ¿Cuál es la nacionalidad de Lucía?
  _____

4 ¿Cómo se llama el argentino?
  _____

5 ¿De dónde es Ian?
  _____

6 ¿Cuál es la nacionalidad de la amiga de Ian?
  _____

7 ¿De dónde son Mike y Brenda?
  _____

8 ¿Qué idiomas hablan Mike y Brenda?
  _____

5 **Completa las frases con las formas correctas del verbo *hablar*.**
Complete the sentences with the correct forms of the verb hablar.

| hablo | hablas | ~~habla~~ | hablamos | hablan |

1 Wendell es de Trinidad y Tobago. Habla inglés y español.

2 Emily y Anna _____ español y un poco de francés.

3 ¿Tú _____ criollo?

4 ¿Qué idioma _____ Angela y Roberto?

5 Mi amiga y yo no _____ inglés.

6 Yo soy de Chile. _____ español y un poco de inglés.

→ *Gramática:* **regular verbs** *SB* p. 185

6 Escribe sobre tu compañero/a. Incluye:
Write about your partner. Include:
- his/her name
- her/his nationality
- where he/she is from
- what languages he/she speaks

<u>Se llama</u> _____

<u>Es de</u> _____

<u>Es</u> _____

<u>Habla</u> _____

7 Lee el texto. Lee las frases y escribe V (verdadero) o F (falso).
Read the text. Read the sentences and write V (true) or F (false).

> ¡Hola, chicos! Me llamo Diana. Soy de Trinidad y Tobago. ¡Quiero aprender a hablar español! No me interesa mucho la cultura inglesa. Me interesa la cultura hispánica. Me encanta el rock en español pero no el reguetón. Me encanta viajar y quiero visitar muchos países donde se habla español. Quiero ir a Colombia para practicar mi español y visitar a mi familia y amigos.

1 Diana is Trinidadian. `V`
2 She already speaks Spanish really well. ☐
3 She's more interested in English culture than Hispanic culture. ☐
4 She loves reggaeton. ☐
5 She wants to visit countries where Spanish is spoken. ☐
6 She has friends in Colombia. ☐

8 Escribe los números que faltan.
Write the missing numbers.

uno dos tres <u>cuatro</u> cinco seis _____ ocho

nueve _____ once doce _____ catorce quince

_____ diecisiete dieciocho diecinueve veinte _____

9 Resuelve las cuentas.
Solve the sums.

1 ocho + tres = <u>once</u>
2 siete + seis = _____
3 diez + ocho = _____
4 nueve + doce = _____
5 ocho + siete = _____
6 diecisiete + tres = _____

10 Busca y corrige el error en cada frase.
Find and correct the mistake in each sentence..

1 Manuel es ~~uruguaya~~. <u>Manuel es uruguayo</u> .
2 Yo es de Jamaica. _____.
3 Jorge y Elice habla inglés. _____.
4 Mi hermana y yo hablan español. _____.
5 Catalina es peruano. _____.
6 Samuel es de cubano. _____.

1 Escribe cada saludo en orden. Tradúcelos.
Write each greeting correctly. Translate them.

1 oHal   Hola   Hello

2 auBnes ohnecs

3 seuonB ídsa

4 taHsa añnmaa

5 idAós

6 hCoa

7 ueanBs adrets

8 aHsat geluo

2 Completa las frases.
Complete the sentences.

| bienvenido | bienvenida | bienvenidos | ~~bienvenidas~~ |

1   Bienvenidas , Clara y Sonia.

2 _____, Señorita.

3 _____, Señor Garzón.

4 _____, señoras y señores.

5 _____, señor y señora Ramírez.

6 _____, señora Silva.

3 Empareja las frases.
Match the sentences.

1 Francisco   a Jorge?

2 Sandra está   b ¿Cómo está?

3 Yo   c ¿Y tú?

4 ¿Cómo estás,   d está muy bien.

5 Buenos días, señor Pérez.   e estoy mal.

6 Estoy bien, gracias.   f más o menos.

4 Habla con tu compañero/a.
Talk to your partner.

Francisco   tú   tu abuela   usted   la profesora

¿Cómo está Francisco?   Está muy bien.

→ Gramática: **adjectives** SB p. 184; **tú & usted** SB p. 186

5 ¿Cómo estás? o ¿Cómo está? Escribe qué le dices a cada persona.

¿Cómo estás? or ¿Cómo está? Write what you say to each person.

1 to a police officer   <u>¿Cómo está?</u>

2 to a friend   _____

3 to your brother   _____

4 to your headteacher   _____

5 to a taxi driver   _____

6 to your cousin   _____

6 Completa las frases.

Complete the sentences.

~~Estos~~	Esta	Este	Estas	Estos

1 <u>Estos</u> _____ son Leonor y Jaime.

2 _____ es Roberto.

3 _____ es Clara.

4 _____ son Santiago y Miguel.

5 _____ son Maritza y Edna.

6 _____ es mi hermano.

7 Busca y corrige el error en cada frase.

Find and correct the mistake in each sentence.

1 ~~Esta~~ es Tomás.   <u>Este es Tomás.</u>

2 Estos es mis amigos Diego y Paola. _____

3 Este es mi profesora Angela. _____

4 Estos es mi papá. _____

5 Estas son mis padres. _____

6 Esta son los señores Prieto. _____

8 Túrnate con tu compañero/a. Presenta a las personas.

Take turns with your partner. Introduce the people.

David mi amigo Cuba español	Daniel y Jada mis padres Jamaica inglés/criollo

Señora Neva mi profesora de español Chile español/inglés	Shenice y Martisha mis amigas Jamaica inglés/un poco de español

Este es mi amigo David. Es cubano ...

→ Gramática: **demonstrative pronouns** SB p. 184

9 **Lee la conversación. Lee las frases y escribe V (verdadero) o F (falso).**
Read the conversation. Read the sentences and write V (true) or F (false).

Maya: ¡Buenos días, Henry! ¿Qué tal?
Henry: ¡Buenos días, Maya! ¿Cómo estás?
Maya: Más o menos. ¿Y tú cómo estás? ¿Estás bien?
Henry: Sí, estoy muy bien, gracias. Esta es mi amiga Tamila. Es de Jamaica. Habla inglés, criollo y español.
Maya: ¡Qué bien! Mucho gusto, Tamila. Bienvenida a Costa Rica.
Tamila: Encantada, Maya.
Maya: ¡Hasta mañana, chicos!
Henry/ ¡Hasta luego, Maya!
Tamila:

1 The conversation is taking place at night. `F`
2 Maya isn't feeling well. ☐
3 Henry is feeling very well. ☐
4 Tamila is Henry's teacher. ☐
5 Tamila is Jamaican. ☐
6 Tamila speaks two languages. ☐

10 **Pon la conversación en orden.**
Put the conversation in order.

¡Hasta mañana, Sandra! ☐

¡Buenas tardes, Sandra! Mucho gusto. ☐

Bien, gracias, Luis. ¿Y tú? ¿Cómo estás? ☐

¡Hasta luego, Luis! ¡Hasta luego, Wilson! ☐

¡Buenas tardes, Sandra! ¿Qué tal? `1`

¡Hola, Wilson! Encantada. Bienvenido a Cartagena. ☐

Muy bien, gracias. Este es mi amigo Wilson. Es de Uruguay. ☐

11 **Trabaja en un grupo de tres. Escribe una conversación. José te presenta a su amiga Gloria. Después, practícala.**
Work in groups of three. Write a conversation. José is introducing you to his friend Gloria. Then perform it.

> Gloria
> amiga de José
> Venezuela
> español / un poco de inglés

José: _____

Yo: _____

_____

_____

_____

_____

_____

1 Empareja el español con el inglés.
Match the Spanish and English.

1 abran		**a** answer
2 miren		**b** stand up
3 contesten		**c** repeat
4 lean		**d** write
5 hablen		**e** open
6 escuchen		**f** sit down
7 repitan		**g** read
8 siéntense		**h** look
9 escriban		**i** listen
10 levántense		**j** speak
11 cierren		**k** close

2 Busca once instrucciones. Escríbelas.
Find eleven instructions. Write them.

stand up _levántense_

sit down _____

open _____

look _____

write _____

read _____

listen _____

speak _____

repeat _____

answer _____

close _____

w	l	n	l	y	r	j	x	z	n	j	s
d	e	m	e	m	e	l	d	i	r	i	e
a	l	v	a	r	p	n	e	p	é	s	l
b	i	b	n	x	i	z	o	n	c	e	e
r	l	q	j	k	t	m	t	u	v	f	s
a	r	a	p	v	a	e	c	á	h	q	c
n	i	p	d	t	n	h	n	y	e	v	r
e	n	e	t	s	e	t	n	o	c	w	i
l	x	v	e	n	e	r	r	e	i	c	b
b	u	a	j	n	v	m	m	w	l	p	a
a	g	h	s	j	v	z	r	k	k	i	n
h	r	e	a	q	i	l	h	t	v	c

3 Túrnate en grupo. Representa con mímica y adivina.
Take turns in groups. Mime and guess.

¡Cierren!   ¡Levántense!

4 Completa las frases.
Complete the sentences.

compañeros	palabra	~~frases~~	pizarra	profesora	libros

1 Lean las _frases_ .

2 Escuchen a la _____ .

3 Abran los _____ .

4 Miren la _____ .

5 Habla con tus _____ .

6 Repitan la _____ .

5 Escribe diez palabras en español. Después deletréalas y tu compañero/a las escribe.
Write ten Spanish words. Then spell them for your partner to write.

Ese-e-eñe-o-erre-a   Señora _____

Mis palabras

1 _____
2 _____
3 _____
4 _____
5 _____
6 _____
7 _____
8 _____
9 _____
10 _____

Las palabras de mi compañero/a

1 _____
2 _____
3 _____
4 _____
5 _____
6 _____
7 _____
8 _____
9 _____
10 _____

6 Túrnate en grupo. Deletrea tu nombre completo.
Take turns in groups. Spell your full name.

7 Busca y escribe las expresiones en la serpiente. Tradúcelas.
Find and write the expressions in the snake. Translate them.

arpermisoquporfavorexgraciasslosientondenadama

1 permiso _____   _____
2 _____   _____
3 _____   _____
4 _____   _____
5 _____   _____

8 Empareja las frases.
Match to make sentences.

1 Hablen   a los libros.
2 Miren   b De nada.
3 Lo siento,   c y abran los libros.
4 Cierren   d con su compañero.
5 Gracias.   e la pizarra.
6 Siéntense   f no entiendo.

9 **Empareja las situaciones con las expresiones. Escribe las letras.**
Match the situations with the expressions. Write the letters.

1 Sonia wants to get past two students.
2 Natalia doesn't understand the teacher.
3 The teacher is speaking too fast.
4 Lucas wants to know how to spell 'chica'.
5 Ana wants the teacher to repeat what she said.
6 Laura apologises for bumping into her brother.
7 Wendell has just been given a present by Diana.
8 Diana says 'You're welcome' to Wendell.

a Más despacio, por favor.
b Con permiso.
c Lo siento.
d De nada.
e Gracias.
f No entiendo.
g ¿Puede repetir, por favor?
h ¿Cómo se escribe 'chica'?

10 **Completa las conversaciones.**
Complete the conversations.

lo siento	~~cómo se dice~~	puede repetir	de nada	escriban
	gracias	más despacio	qué significa	

Tatiana: **(1)** ¿ _Cómo se dice_ 'I speak' en español?
Profesor: Se dice 'hablo'.
Tatiana: **(2)** _____ .

Marcos: **(3)** ¿_____ 'hispano'?
Profesora: Es una persona que habla epañol.

Profesora: Se habla español en 20 países.
Maya: **(4)** ¿_____ , por favor?
Profesora: Sí. Se habla español en 20 países.

Profesora: **(5)** _____ en la pizarra: Colombia, Venezuela, Uruguay
Susana: **(6)** _____ , por favor.
Profesora: **(7)** _____ . Colombia …

Andrés: Señora Rodríguez, ¿cómo se escribe 'Uruguay'?
Profesora: U-erre-u-ge-u-a-i griega.
Andrés: Gracias.
Profesora: **(8)** _____ .

11 **Adapta las conversaciones de la Actividad 10 con tu compañero/a.**
Marca las palabras que necesitas cambiar. Después, practica tus
conversaciones.
Adapt the conversations in Activity 10 with your partner. Mark the words that
you need to change. Then practise the conversations.

→ Gramática: **imperative** p. 186

1 Lee las palabras y averigua cómo se dicen.
Read the words and work out what they mean.

1 entrar _____

2 colorear _____

3 círculo _____

4 astronauta _____

5 decidir _____

6 accidente _____

7 bicicleta _____

8 doble _____

2 Traduce las frases.
Translate the sentences.

1 Mi clase de español es enorme. _____

2 Juanes es un artista colombiano famoso. _____

3 Este es el teléfono de María. _____

4 José estudia historia y ciencias. _____

5 Lula visita a su amiga en México. _____

6 Eliza es una estudiante excelente. _____

7 El cocodrilo es un animal curioso y furioso. _____

8 La fruta es deliciosa y natural. _____

3 Empareja las palabras con los números.
Match the words and numbers.

1 ochenta y seis   **a** 78

2 veintinueve   **b** 92

3 setenta y ocho   **c** 86

4 sesenta y tres   **d** 18

5 dieciocho   **e** 26

6 treinta y cinco   **f** 49

7 veintiséis   **g** 53

8 cuarenta y nueve   **h** 63

9 noventa y dos   **i** 35

10 cincuenta y tres   **j** 29

4 Escribe los números en letras.
Write the numbers as words.

1 98 _____   5 57 _____

2 75 _____   6 36 _____

3 62 _____   7 29 _____

4 84 _____   8 41 _____

→ Gramática: **numbers** SB p. 188

5 **Túrnate con tu compañero/a. Lee las cuentas en voz alta. Tu compañero/a las resuelve.**
Take turns with your partner. Read the sums out loud. Your partner gives the answers.

Estudiante A	**Estudiante B**
a 85 + 12 =	**a** 76 + 24=
b 62 + 26 =	**b** 27 + 68 =
c 34 + 45 =	**c** 13 + 65 =
d 100 – 64 =	**d** 51 – 34 =
e 78 – 31 =	**e** 26 – 22 =
f 95 – 63 =	**f** 97 – 43 =

¿Ochenta y cinco más doce son …?

Noventa y siete.

¡Correcto!

6 **Busca la palabra que no corresponde y da la razón.**
Find the odd word out and give the reason.

1 brillante / ~~pirata~~ / contagioso / activo   not an adjective

2 oficina / observatorio / palacio / sorpresa   _____

3 rancho / dinosaurio / dragón / chimpancé   _____

4 banana / limón / tomate / tubo   _____

5 telescopio / secreto / teléfono / uniforme   _____

6 americano / inglesa / colombiano / dominicano   _____

7 **Escribe las formas de los verbos que faltan.**
Write the missing verb forms.

	ser	**estar**	**hablar**
I	soy	**(3)**	**(6)**
you (sing)	**(1)** *eres*	estás	hablas
he/she	es	**(4)**	**(7)**
we	somos	estamos	**(8)**
you (plural)/they	**(2)**	**(5)**	hablan

8 **Escribe cada cognado en orden.**
Write each cognate correctly.

1 eéfolnto   _____

2 teccolaho   _____

3 ónel   _____

4 guburhasame   _____

5 vióntaciin   _____

6 latodu   _____

7 ciinormfanó   _____

8 aamilif   _____

→ *Gramática:* **ser/estar** *SB p. 185;* **regular verbs** *SB p. 185*

9 Túrnate en grupo. Di una palabra con cada letra del alfabeto.
Take turns in groups. Say a word beginning with each letter of the alphabet.

A – adulto.

B – bandera.

No sé. ¡Paso!

C – chocolate.

10 Corrige el error en cada frase.
Correct the error in each sentence.

1 Samuel no ~~hablo~~ chino.
habla
    Samuel no habla chino.

2 Los chicos caminamos al colegio. _____

3 ¡Yo cantan bien! _____

4 ¿Cómo estoy, Ana? _____

5 Mi apodo son Loli. _____

6 Pedro bailas. _____

11 Escribe una frase con cada uno de los verbos.
Write a sentence for each of the verbs.

1 estudiar *Estudio español.* _____

2 hablar _____

3 caminar _____

4 cantar _____

5 bailar _____

6 estar _____

yo
Mis amigos
Carlota y yo
Julia y Tiago
Tomás

12 Escribe los números que faltan.
Write the missing numbers.

1 veinte, treinta, _____

2 veintiuno, veintidós, _____

3 ochenta, _____ , sesenta

4 cuarenta y cinco, cincuenta y cinco, _____

5 setenta y dos, _____ , noventa y cuatro

6 cien, _____ , noventa y ocho

13 Memoriza las palabras. Hazle una prueba a tu compañero/a con su libro cerrado.
Memorise the words. Then test your partner with his/her book closed.

Estudiante A	**Estudiante B**
perezoso – lazy	*puerta* – door
ciudad – city	*apellido* – last name
morado – purple	*orejas* – ears
periodista – journalist	*aburrido* – boring
rana – frog	*corbata* – tie
hermano – brother	*silla* – chair

→ Gramática: **regular verbs** SB p. 185

2 En nuestra casa

2.1 Vivo con ... (Student's Book pp. 34–35)

1 Escribe cada miembro de la familia en orden.
Write each family member correctly.

1 dmrea   <u>madre</u>
2 ihaj anúci   _____
3 sgeloem   _____
4 marneoh   _____
5 lueboa   _____
6 mpiar   _____
7 soít   _____
8 reapd   _____

2 Completa las frases.
Complete the sentences.

abuela	~~prima~~	hermano	abuelo	tío	primo	hermana	tía

1 La hija de mi tía es mi <u>prima</u>.
2 La mamá de mi mamá es mi _____.
3 El hijo de mi papá es mi _____.
4 El hermano de mi mamá es mi _____.
5 La hija de mi papá es mi _____.
6 La mamá de mis primos es mi _____.
7 El hijo de mi tío es mi _____.
8 El papá de mi papá es mi _____.

3 Elige las formas correctas.
Choose the correct forms.

1 mi / (mis) abuelos
2 su / sus hija
3 su / sus hermanos
4 tu / tus padre
5 mi / mis tíos
6 tu / tus primos

4 Contesta las preguntas. Escribe frases completas.
Answer the questions. Write full sentences.

1 ¿Cómo se llama tu papá?
<u>Mi papá se llama …</u> _____

2 ¿Hay muchas personas en tu familia?
_____

3 ¿Tienes hermanos o hermanas?
_____

4 ¿Cómo se llaman tus hermanos?
_____

5 ¿De dónde es tu mamá?
_____

6 ¿De qué nacionalidad es tu abuelito?
_____

➔ Gramática: ***possessive adjectives*** SB p. 184

5 Busca ocho profesiones. Escribe las palabras en la columna correspondiente.

Find eight jobs. Write the words in the appropriate column.

~~chef~~	nurse	retired
teacher	journalist	police officer
doctor	vet	

☺	☺
cocinero	

e	n	f	e	r	m	e	r	a	z	f	q
g	r	n	t	j	k	p	v	t	v	h	p
j	u	b	i	l	a	d	a	a	e	d	o
y	f	l	k	v	x	f	j	k	t	h	l
c	q	k	m	e	x	h	s	f	e	z	i
o	s	l	a	n	p	y	d	d	r	s	c
c	n	n	e	d	i	i	m	h	i	p	í
i	i	k	s	e	o	n	é	w	n	z	a
n	l	c	t	d	i	v	d	j	a	y	f
e	g	f	r	o	y	m	i	f	r	q	y
r	v	p	o	r	b	y	c	i	i	o	m
o	q	w	u	a	g	f	o	e	a	u	t

6 Elige las palabras correctas. Después, traduce las frases.

Choose the correct forms. Then translate the sentences.

1 Soy **hija** / **hijo** única. _____

2 Mi madre es **maestro** / **maestra**. _____

3 Mi primo es **veterinaria** / **veterinario**. _____

4 Mi abuelito es **vendedor** / **vendedora**. _____

5 Mi abuelita es **jubilado** / **jubilada**. _____

6 Mi tío es **médico** / **médica**. _____

7 Lee el texto. Lee las frases y escribe V (verdadero) o F (falso).

Read the text. Then read the sentences and write V (true) or F (false).

> Me llamo Ana. Tengo doce años. Vivo con mi madre que se llama Rosalba y mis dos hermanas, Paola y Lina. También vivo con mi abuelita María. Mi padre se llama Antonio. Vive con Sofía, mi madrastra. Mi madre es de Colombia pero mi padre es de Cuba. Mi madre es vendedora y mi padre es policía. Paola y Lina son alumnas en una escuela secundaria de Colombia. Tengo una tía. Es enfermera en un hospital de Barbados y vive con su hija Elsa, mi prima. Elsa es veterinaria. ¡Adora los animales! Habla inglés pero no habla español. Yo hablo español y un poco de inglés.

1 Ana is twelve years old. `V`

2 She lives with her mother, brother, sister and grandma. ☐

3 Her mother doesn't work. ☐

4 Paola works as a police officer. ☐

5 Elsa is one of Ana's cousins who is a vet. ☐

6 Elsa speaks Spanish and a little bit of English. ☐

→ Gramática: **gender** SB p. 183

8 Completa las frases con las formas correctas del verbo _tener_.
Complete the sentences with the correct forms of the verb tener.

1 Yo _____tengo_____ once años.

2 Mi primo César no _____ hijos.

3 Mi tía _____ dos hijas.

4 ¿Cuántos primos o primas _____ tú?

5 Me llamo Ana y _____ un primo y tres primas.

6 La mamá de mi papá _____ siete hijos.

9 Describe tu árbol genealógico. Tu compañero/a lo dibuja.
Describe your family tree for your partner to draw.

10 Busca y corrige el error en cada frase.
Find and correct the mistake in each sentence.

1 Mi abuelito es ~~jubilada~~. _Mi abuelito es jubilado._ _____

2 Me llamo Alicia y soy cocinero. _____

3 Mi madre no tengo primas. _____

4 Mis primo Tomás es doctor. _____

5 Su tíos Juan y David son gemelos. _____

6 Yo tienes dos hermanos y una hermana. _____

11 Escribe sobre un miembro de tu familia. Incluye:
Write about a family member. Include:

• how many people are in his/her family

• who he/she lives with

• how many brothers, sisters, cousins and uncles he/she has

• what their names are

Hay _____

Vive con _____

Tiene _____

Su hermana _____

→ Gramática: _irregular verbs_ SB p. 185

1 **Completa el crucigrama.**
Complete the crossword.

Vertical

1 snake
2 turtle
5 guinea pig
6 horse
9 dog

Horizontal

3 fish
4 parrot
7 mouse
8 lizard
10 rabbit
11 frog
12 cat

2 **Completa el cuadro.**
Fill in the table.

| ~~tortugas~~ | conejos | perro | cobaya | gato | lagartija |
| caballos | ratón | serpientes | tortuga | loros | ranas |

un	una	unos	unas
			tortugas

→ Gramática: **indefinite article** SB p. 183

3 Empareja las preguntas con las respuestas.
Match the questions and answers.

1 ¿De qué color es tu mascota?
2 ¿Cuál es tu color favorito?
3 ¿Cómo se llama tu mascota?
4 ¿Tienes una mascota?
5 ¿Tus primos tienen una mascota?

a Sí, tienen un gato.
b Mi serpiente es amarilla y verde.
c No, no tengo mascota.
d Se llama Minino.
e Es el morado.

4 Completa las frases.
Complete the sentences.

| negras | gris | rosada | rojos | ~~amarillas~~ |

1 Camila tiene cuatro ranas __amarillas__ .
2 Mi tío tiene un conejo _____ .
3 Andrés tiene dos loros _____ .
4 Tengo tres gatas _____ .
5 Mi lagartija es _____ .

5 Empareja las frases.
Match to make sentences.

1 Mis perros
2 Mi color favorito
3 Su mascota es un ratón
4 ¿Cuál es
5 Sus gatas
6 Tiene una serpiente

a café.
b son blancas.
c tu color favorito?
d es el azul.
e gris y roja.
f son negros.

6 Escribe los colores en las columnas correctas.
Write the colours in the correct columns.

| amarillo | rojo | azul | verde | café | gris | negro |
| blanco | anaranjado |

The singular form of colours

Change to –a in feminine	No change
	café

The plural form of colours

Add –s	Add –es	No change
	azul	

→ *Gramática:* **adjective agreement** SB p. 184

7 Completa la conversación.
Complete the conversation.

llama	mañana	mascota	anaranjada	~~cómo~~	tengo	bien	mi

Sonia: ¡Hola, Julio!
Julio: ¡Hola, Sonia! ¿(**1**) _____Cómo_____ estás?
Sonia: ¡Bien, gracias! ¿Y tú?
Julio: Muy (**2**) _____ .
Sonia: ¿Es tu perro?
Julio: Sí, es (**3**) _____ perro. Se (**4**) _____ Óscar.
Sonia: ¡Hola, Óscar!
Julio: ¿Y tú, tienes una (**5**) _____ ?
Sonia: Sí, (**6**) _____ una lagartija. Es (**7**) _____ .
Julio: Hasta (**8**) _____ , Sonia.
Sonia: Adiós, Julio.

8 Tienes una mascota nueva. Descríbela.
You have a new pet. Describe it.
Mi mascota es _____
Mi mascota se llama _____
Es _____

9 Busca la palabra que no corresponde y da la razón.
Find the odd word out and give the reason.
1 verdes / ~~blanca~~ / negros / amarillas _____ not plural _____
2 azul / gris / café / rojo _____
3 amarillo / verdes / blanco / anaranjado _____
4 grises / amarillo / rojos / azules _____
5 perro / rana / ratón / gato _____
6 lagartija / cobaya / caballo / serpiente _____

10 Traduce las frases.
Translate the sentences.
1 My cat is black. _____
2 His rabbit is white. _____
3 I don't have a grey horse. I have a brown horse.
_____
4 My sister has a green turtle and an orange fish.
_____
5 My granny has a red and yellow parrot.
_____
6 I don't have pets. _____

→ Gramática: *adjectives* SB p. 184

1 Empareja el español con el inglés.
Match the Spanish and the English.

1	pelo largo		**a**	blond hair
2	pelo liso		**b**	red-haired
3	pelo corto		**c**	black hair
4	pelo rizado		**d**	straight hair
5	pelo ondulado		**e**	long hair
6	pelo rubio		**f**	brown hair
7	pelo negro		**g**	wavy hair
8	pelo castaño		**h**	short hair
9	pelirrojo		**i**	curly hair

2 Escribe la forma correcta: *el, la, los o las.*
Write the correct form: el, la, los or las.

1 _el_ pelo

2 ____ tías

3 ____ chica

4 ____ chicos

5 ____ serpientes

6 ____ caballo

7 ____ prima

8 ____ ojos

3 Completa los textos.
Complete the texts.

ondulado	ojos	alta	pelirrojo	azules	~~media~~

Soy una chica de estatura
(**1**) _____ *media* _____ .
Tengo los
(**2**) _____
verdes. Tengo el pelo rubio,
corto y rizado.

Soy muy bajo y
(**3**) _____ .
Tengo el pelo corto y
(**4**) _____ .
Tengo los ojos café.

Tengo los ojos
(**5**) _____ .
Tengo el pelo castaño, liso y
bastante largo. Soy
(**6**) _____
y rubia.

4 Pon las palabras en negrita en orden y escribe las frases.
Put the words in bold in order and write the sentences.

1 Tengo **ojos los azules**. _Tengo los ojos azules._ _____

2 Mi primo tiene **rubio pelo el**. _____

3 El chico es **estatura de media**. _____

4 Ana y Sofía **chicas son bajas**. _____

5 Maritza tiene **blanco un perro negro y**. _____

6 Rosa es una **bastante alta chica**. _____

5 Completa las frases.
Complete the sentences.

| simpáticas | tímida | habladora | deportista | ~~generosa~~ | habladores |

1 Mi hermana no es egoísta. Es _generosa_____.

2 Mi hermano no es perezoso. Es _____.

3 Su prima Lily no es tímida. Es _____.

4 Mis tíos son bastante _____.

5 Mis abuelas son muy _____.

6 Mi hermana menor es inteligente y _____.

6 Busca la palabra que no corresponde y da la razón.
Find the odd word out and give the reason.

1 alegre / simpático / amable / ~~egoísta~~ _____ not a positive characteristic _____

2 gracioso / egoísta / tonto / perezoso _____

3 deportista / rubio / tímido / inteligente _____

4 rubio / pelirrojo / hablador / ondulado _____

5 habladora / simpático / perezosa / graciosa _____

6 inteligente / amable / tímido / alegre _____

7 Elige las respuestas correctas.
Choose the correct answers.

1 ¿De qué color son los ojos de Ana?

   a Ana tiene los ojos amarillos.

   b Son negras.

   c Ana tiene los ojos azules.

2 ¿De qué color es el pelo de tu papá?

   a Tengo el pelo rubio.

   b Tiene el pelo rubio.

   c Soy pelirrojo.

3 ¿Cómo es Samuel?

   a Samuel es alegre y deportista.

   b Samuel es mi hermano.

   c Es alta y pelirroja.

4 ¿Cómo es la mamá de Rosita?

   a Es bajo.

   b Su mamá es habladora.

   c Mi mamá es simpática.

5 ¿Cómo son tus primos?

   a Sus primos son tontos.

   b Son inteligentes.

   c Son graciosas.

→ Gramática: **adjectives** SB p. 184

8 Elige las palabras correctas.
Choose the correct words.

1 Ernesto es amable, alegre y **pero / (también)** es simpático.

2 Andrés e Iván son habladores, **pero / también** sus hermanas son tímidas.

3 Inés es muy perezosa, **pero / también** Berna es deportista.

4 Ángela es inteligente y Liliana **pero / también**.

9 Lee el texto. Lee las frases y escribe V (verdadero) o F (falso).
Read the text. Read the sentences and write V (true) or F (false).

> ¡Hola! Me llamo Eva. Hay tres personas en mi familia. Mi madre, mi padre y yo.
> Mi madre se llama Diana y es maestra. Ella es de estatura media y tiene los ojos negros.
> Tiene el pelo negro, largo y ondulado. Es muy inteligente. Yo también soy inteligente.
> Mi padre es doctor. Es tímido pero generoso. Se llama Emerson y es muy alto. Tiene
> los ojos café y el pelo castaño, corto y rizado. Yo me parezco a mi papá. Soy alta y tengo
> los ojos café. Tengo el pelo castaño, largo y rizado. Soy amable y deportista pero un
> poco tímida.

1 Eva's mother is a teacher and she's tall. `F`

2 Diana has long, black, curly hair. ☐

3 Eva and her mother are intelligent. ☐

4 Eva's father is shy and isn't generous. ☐

5 Eva looks like her father. ☐

6 Eva's mother and father have the same colour eyes. ☐

7 Eva is kind and talkative. ☐

10 Describe a un compañero de clase. Tu compañero/a adivina quién es.
Describe a classmate for your partner to guess.

Es alto y tiene …

¿Es Raúl?

¡Sí!

11 Escribe cinco frases acerca de ti. Tres deben de ser verdaderas y dos falsas.
Tu compañero/a adivina cuáles son verdaderas y cuáles falsas.
Write five sentences about yourself. Three should be true and two false. Your partner guesses which are true and false.

1 _____

2 _____

3 _____

4 _____

5 _____

→ *Gramática: **adjectives** SB p. 184*

1 Escribe cada mes del año en orden.

Write each month of the year correctly.

1 zmaor _____

2 emcibdire _____

3 larib _____

4 yoam _____

5 reone _____

6 mvnierebo _____

7 iojnu _____

8 brfeeor _____

9 stagoo _____

10 tboecur _____

11 iloju _____

12 bptserieme _____

2 Di los meses. Túrnate con tu grupo.

Say the months. Take turns in your group.

enero, …   febrero, …   marzo, …

Repite la lista unas veces. Cada vez, omite otro mes al comienzo y da palmadas.

Repeat the list several times. Each time, leave out another month at the beginning and clap your hands instead.

febrero, …   marzo, …

marzo, …

3 ¿Cuándo es su cumpleaños? Lee y escribe.

When is his/her birthday? Read and write.

| Lily 14/2 | Rosa 16/8 | Caro 11/1 | Samuel 13/10 | Enrique 30/12 |

Lily   *Mi cumpleaños es el catorce de febrero.*

Rosa

Caro

Samuel

Enrique

→ Gramática: **months and dates** SB p. 189

4 Completa la secuencia.
Complete the sequence.

1 veintidós, treinta y tres, cuarenta y cuatro, _cincuenta y cinco_

2 treinta y uno, cuarenta y tres, cincuenta y cinco, _____

3 setenta, ochenta, noventa, _____

4 ochenta y dos, ochenta y cuatro, ochenta y seis, _____

5 cincuenta y tres, sesenta y cuatro, setenta y cinco, _____

5 Elige las formas correctas del verbo y escribe los números
Choose the correct forms of the verb and write the numbers.

1 Mi madre **tengo / tienes /** (**tiene**) (45) _cuarenta y cinco_ años y mi padre también.

2 Tú **tengo / tienes / tiene** (15) _____ años.

3 Mis amigas **tengo / tienes / tienen** (16) _____ años.

4 Me llamo Sonia y **tengo / tienes / tiene** (18) _____ años.

5 Somos gemelos y **tienen / tenemos / tiene** (12) _____ años.

6 Túrnate con tu compañero. Lee y elige un personaje. Tu compañero/a te hace preguntas para adivinar quién eres.
Take turns with your partner. Read and choose a character. Your partner asks questions to guess who you are.

¡Hola! Soy Cecilia. Tengo 15 años. Mi cumpleaños es el 31 de diciembre.

¡Buenos días! Soy Lucas. Tengo 11 años. Mi cumpleaños es el 13 de septiembre.

Soy Margarita. Tengo 54 años. Mi cumpleaños es el 31 de diciembre.

Soy Miguel. Tengo 72 años. Mi cumpleaños es el 1 de febrero.

Soy Federico. Tengo 15 años. Mi cumpleaños es el 13 de septiembre.

Me llamo Julia. Tengo 18 años. Mi cumpleaños es el 1 de febrero.

¿Tu cumpleaños es el primero de febrero?   Sí.

¿Tienes dieciocho años?   No.

¡Eres Miguel!   ¡Sí!

7 Completa el cuadro.
Complete the table.

| ~~bebo~~ | haces | bebes | hace | comemos | bebe | comen | beben |
| hacemos | comes | hacen | bebemos | como | come | hago |

I	*bebo*		
you			
he/she			
we			
you (plural)/they			

8 Elige las formas correctas.
Choose the correct forms.

1 Martín **como** / (**come**) / **coma** chocolate.
2 Sonia y José **bebes** / **beben** / **bebemos** limonada.
3 Tú **cantan** / **canto** / **cantas** muy bien.
4 Mi madre **hacemos** / **haces** / **hace** una fiesta.
5 Mi padre y yo **baila** / **bailan** / **bailamos** mucho.
6 Yo **hacen** / **hago** / **hace** una pizza.

9 Pregunta a tres compañeros y completa el cuadro.
Ask three classmates and complete the chart.

Compañero/a	Cumpleaños	¿Cómo celebra?
Sonia	el 24 de mayo	Come pizza.

¿Cuándo es tu cumpleaños?   Es el veinticuatro de mayo.

¿Cómo celebras?   Como pizza.

10 Completa la conversación.
Complete the conversation.

fiesta   ~~cuántos~~   bebemos   celebras   marzo
comemos   tengo   cuándo

Señora Martínez: ¿(**1**) _____Cuántos_____ años tienes, Samuel?
Samuel: (**2**) _____ 12 años.
Señora Martínez: ¿(**3**) _____ es tu cumpleaños?
Samuel: Mi cumpleaños es el 26 de (**4**) _____.
Señora Martínez: ¿Cómo (**5**) _____ tu cumpleaños?
Samuel: Hago una (**6**) _____ en la piscina con mis amigos.
(**7**) _____ pizza y (**8**) _____ limonada.

11 Escribe una conversación como la de la Actividad 10.
Write a similar conversation to the one in Activity 10.

_____
_____
_____
_____
_____
_____
_____
_____

→ Gramática: **regular verbs** SB p. 185

1 Completa el crucigrama.
Complete the crossword.

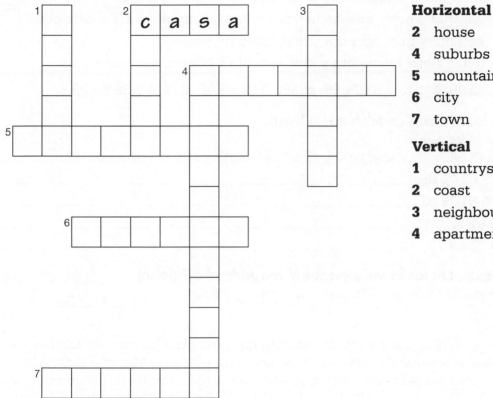

Horizontal

2 house

4 suburbs

5 mountains

6 city

7 town

Vertical

1 countryside

2 coast

3 neighbourhood

4 apartment

2 Completa las frases con las formas correctas de los verbos.
Complete the sentences with the correct forms of the verbs.

1 Sonia (vivir) _____ *vive* _____ en una casa en el campo.

2 Mis abuelos (vivir) _____ en la costa.

3 Tomás y yo (beber) _____ limonada en las fiestas.

4 Mari, ¿(tener) _____ mi número de teléfono?

5 Ustedes (bailar) _____ muy bien reggae.

6 Mis hermanos (comer) _____ mucha pizza.

3 Traduce las frases.
Translate the sentences.

1 I live in a house in the suburbs.

_____

2 My cousin lives in a house in the mountains.

_____

3 Do you live in a house or an apartment?

_____

4 My grandparents live in a city in the south.

_____

➔ *Gramática: **regular verbs** SB p. 185*

4 Empareja las palabras con los números. Escribe las letras.
Match the words and the numbers. Write the letters.

1 dos, doce, siete, cincuenta y dos, noventa y tres, setenta ☐

2 tres, sesenta y ocho, seis, ochenta y cuatro, cuarenta y tres, cero ocho ☐

3 tres, setenta y uno, ochenta y dos, noventa y cinco ☐

4 dos, trece, siete, cincuenta y dos, setenta y cuatro, sesenta y seis ☐

a 3 71 82 95 **b** 213 7 52 74 66 **c** 368 6 84 43 08 **d** 212 7 52 93 70

5 Escribe los números de teléfono en letras.
Write the phone numbers in words.

a 7 91 42 68   siete, noventa y uno, cuarenta y dos, sesenta y ocho

b 213 7 62 74 65 _____

c 388 6 84 39 03 _____

d 4 72 51 26 _____

e 62 4 33 09 77 _____

6 Lee el texto. Lee las frases y escribe V (verdadero) o F (falso).
Read the text. Read the sentences and write V (true) or F (false).

> Hola, ¿qué tal?
>
> Me llamo Maritza Sandoval Rodríguez. Soy de Colombia. Vivo con mis dos hijos en la ciudad de Bogotá. Vivimos en un apartamento en el barrio Mazurén al norte de la ciudad, pero mis padres viven en una casa en el campo. Nuestra dirección es: Avenida de Giménez, ciento setenta, Apartamento ciento uno, torre cuatro. Mi correo electrónico es marisandovalro@mimail.com y mi número de teléfono es: tres, trece, ocho, cincuenta y dos, cuarenta y cinco, noventa y seis.

1 Maritza's surnames are Sandoval Rodríguez. ☐ V

2 She has two daughters. ☐

3 She lives in an apartment in the south of Bogotá. ☐

4 Her parents live in the countryside. ☐

5 She lives in apartment 170. ☐

6 Her phone number is 338 852 45 97. ☐

7 Escribe cada frase en orden.
Write each sentence correctly.

1 en vive una en las casa Jorge afueras.
   Jorge vive en una casa en las afueras.

2 tus viven Dónde padres ¿?
   _____

3 mi La de es Boyacá Avenida, número dirección mamá 67.
   _____

4 de vivimos y yo al la ciudad Manuel este.
   _____

8 Empareja las preguntas y las respuestas.
Match the question and the answers.

1 ¿Qué fecha es?

2 ¿Cuáles son tus apellidos?

3 ¿Cuál es tu número de teléfono?

4 ¿Cuál es tu correo electrónico?

5 ¿Cuál es tu dirección?

6 ¿Dónde vives?

7 ¿De dónde eres?

8 ¿Cuándo es tu cumpleaños?

9 ¿Cómo eres?

10 ¿Cuántos años tienes?

a camipr@gto.com

b Calle San Juan, número 71

c Soy de Trinidad y Tobago.

d Soy inteligente y amable. También soy alta.

e Es el doce de octubre.

f Es el 212 345 22 33.

g Hoy es martes, nueve de mayo.

h Mis apellidos son Prieto Blanco.

i Tengo quince años.

j Vivo en un apartamento al este de la ciudad.

9 Responde a las preguntas de la Actividad 8.
Answer the questions from Activity 8.

1 _____

2 _____

3 _____

4 _____

5 _____

6 _____

7 _____

8 _____

9 _____

10 _____

10 Inventa un personaje hispánico y completa el formulario. Después, túrnate con tu compañero/a. Pregunta y contesta y escribe los detalles.
Invent a Spanish-speaking person and fill in the form. Then take turns with your partner. Ask and answer and write the details.

	Yo	Tú
Nombre:	_____	_____
Apellido(s):	_____	_____
Dirección:	_____	_____
Teléfono:	_____	_____
Celular:	_____	_____
Trabajo:	_____	_____
Nacionalidad:	_____	_____

¿Cómo te llamas?

Me llamo Rosalba.

3 La vida escolar

1 Busca los 12 materiales escolares. Escríbelos.
Find the 12 types of school equipment. Write them.

backpack   _mochila_____

pen _____

notebook _____

pencil _____

book _____

pencil case _____

eraser _____

sharpener _____

ruler _____

folder _____

diary _____

felt-tip pen _____

c	w	h	l	r	g	p	r	c	l	w	c
l	i	b	r	o	i	j	e	a	á	m	u
m	i	c	y	t	g	v	g	r	p	n	a
o	t	o	x	u	g	d	l	p	i	h	d
c	b	l	y	l	h	u	a	e	z	q	e
h	s	a	c	a	p	u	n	t	a	s	r
i	e	p	g	d	g	m	n	a	s	t	n
l	d	o	b	o	a	g	e	n	d	a	o
a	m	b	j	r	o	z	q	k	n	j	y
k	q	c	b	o	r	r	a	d	o	r	r
e	s	t	u	c	h	e	r	n	q	z	h
g	d	b	o	l	í	g	r	a	f	o	x

2 Completa la conversación.
Complete the conversation.

necesito	cómo	prestas	estuche	listos
lápices	listo	bolígrafo		

Ernesto: ¡Hola, Susana! ¿**(1)** ___Cómo___ estás?

Susana: ¡Bien, gracias! ¿Y tú?

Ernesto: Más o menos. No tengo mi **(2)** _____ ! ¡No estoy **(3)** _____ para la clase! **(4)** _____ un lápiz.

Susana: ¡Toma! En mi estuche hay dos **(5)** _____ . ¿Necesitas un **(6)** _____?

Ernesto: Sí ¿me **(7)** _____ un bolígrafo también, por favor?

Susana: ¡Vamos! ¡Ahora estamos **(8)** _____ para el colegio!

3 Elige las formas correctas.
Choose the correct forms.

1 Necesito **un /** **unos** bolígrafos **azul / azules**.

2 Tienes **una / unas** carpetas en tu mochila **grande / grandes**?

3 ¿Me presta **una / unas** regla **largas / larga**, por favor?

4 Necesito **un / unos** rotulador **verde/ verdes**.

5 Tengo **un / unos** borradores **blanco / blancos**.

6 Tengo **un / unas** sacapuntas en mi estuche **amarillo / amarilla**.

➜ Gramática: **indefinite article** SB p. 183

4 Escribe cada prenda de ropa en orden con el adjetivo demostrativo correcto.
Write each item of clothing correctly with the correct demonstrative adjective.

1 aladf	_____ *esta falda* _____	
2 umrioefn	_____	
3 ónptalan	_____	este
4 cnaletiesc	_____	esta
5 aptoasz	_____	estos
6 acisam	_____	estas
7 tabaroc	_____	
8 oolp	_____	
9 rusdaedsa	_____	
10 teréus	_____	

5 Busca la palabra que no corresponde y da la razón.
Find the odd word out and give the reason.

1 uniforme / pantalón / falda / ~~rotulador~~ _not an item of clothing_____

2 sudadera / camisa / suéter / falda _____

3 mochilas / calcetines / estuches / reglas _____

4 polo / zapatos / corbata / pantalón _____

5 calcetines / uniforme / mochilas / carpetas _____

6 falda / sudaderas / regla / estuche _____

6 Completa las frases con las formas correctas del verbo *llevar*.
Complete the sentences with the correct forms of the verb llevar.

1 Yo _____ llevo _____ una camisa roja.

2 Mi amigo no _____ suéter.

3 Amanda _____ una falda gris y una camisa azul.

4 Mis hermanos _____ una sudadera verde.

5 Yo _____ un polo blanco y un pantalón negro.

6 Nosotros _____ corbata y camisa.

7 Malik y Julia no _____ corbata.

8 ¿Qué _____ tú al colegio?

7 Busca y corrige el error en cada frase.
Find and correct the mistake in each sentence.

1 Jaime lleva ~~unas~~ calcetines grandes. _unos_____

2 Rosa lleva una camisa blanco y una falda azul. _____

3 Marcela y Rosa llevan calcetines negras. _____

4 Roberto lleva un pantalón azules. _____

5 Jaime y Roberto lleva corbata. _____

6 Nosotros no llevan uniforme. _____

8 Traduce las frases.
Translate the sentences.

1 This blue book belongs to Camila.

_____

2 Whose is this green pencil?

_____

3 These black shoes belong to Rafael.

_____

4 Whose are these red folders?

_____

5 I wear a white shirt and black trousers.

_____

6 Irene wears a brown skirt and a blue polo shirt.

9 Lee y dibuja.
Read and draw.

¡Hola! Soy Manuel. En mi colegio llevamos uniforme. Mi uniforme es muy bonito. Llevo una camisa blanca y un pantalón azul También llevo calcetines blancos y zapatos negros. Llevo una corbata gris pero no llevo suéter.

10 Piensa en tu uniforme ideal. ¿Cómo es?
Think about your ideal uniform. What's it like?
En mi uniforme ideal llevo _____

_____

_____

1 Completa el crucigrama.
Complete the crossword.

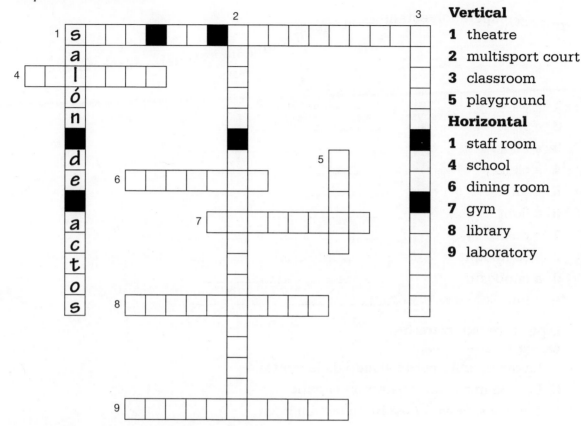

Vertical
1 theatre
2 multisport court
3 classroom
5 playground

Horizontal
1 staff room
4 school
6 dining room
7 gym
8 library
9 laboratory

2 Lee y escribe el lugar del colegio donde están.
Read and write the area of the school where they are.

1 Nosotros hacemos ejercicio. *el gimnasio* _____

2 Mis amigos corren para las competencias de atletismo. _____

3 Los alumnos comen y beben aquí. _____

4 Nosotros bailamos y cantamos. _____

5 Leo libros y hablo en voz baja. _____

6 La profesora escribe en la pizarra. _____

7 El profesor enseña ciencias. _____

8 Estamos fuera por 15 minutos. _____

3 Contesta las preguntas.
Answer the questions.

1 ¿Cuántos laboratorios hay en tu colegio? *En mi colegio hay …* _____

2 ¿Tu colegio es grande o es pequeño? _____

3 ¿Estudias en un colegio femenino, masculino o mixto? _____

4 ¿Cuántos alumnos hay en tu colegio? _____

5 ¿En tu colegio llevan uniforme? _____

6 ¿Cómo se llama tu colegio? _____

4 Busca las palabras. Escríbelas.
Find the words. Write them.

armariocomputadoraestanteríaluzmesapizarrapapelerapuertasillaventana

1	a door	una puerta
2	a window	_____
3	a bookshelf	_____
4	a chair	_____
5	a table	_____
6	a light	_____
7	a board	_____
8	a computer	_____
9	a cupboard	_____
10	a bin	_____

5 Elige las formas correctas.
Choose the correct forms.

1 La mesa **está** / **están** al lado de la ventana.

2 Los alumnos **está** / **están** en el patio.

3 Emily y Ana **está** / **están** en la biblioteca.

4 Las carpetas **está** / **están** sobre la silla.

5 El libro **está** / **están** en la estantería.

6 La profesora **está** / **están** en la sala de música.

6 Mira el diagrama. Completa las frases con las preposiciones correctas.
Look at the diagram. Complete the sentences with the correct prepositions.

PIZARRA

Carolina	Juan	Luisa	Ernesto

Sandra	Pablo	Teresa	Miguel

al lado de   ~~delante de~~   detrás de   enfrente de   entre

1 Carolina está ____delante de____ Sandra.

2 Juan está _____ Carolina y Luisa.

3 Miguel está _____ Ernesto.

4 Sandra está _____ Pablo.

5 La pizarra está _____ los alumnos.

→ Gramática: **estar** SB p. 185; **prepositions** SB p. 187

7 Busca y corrige el error en cada frase.
Find and correct the mistake in each sentence.

1 La papelera está debajo ~~del~~ mesa. _____*de la mesa*_____

2 El profesor está delante de el alumno. _____

3 Yo estoy al lado de las ventana. _____

4 La computadora está enfrente del pizarra. _____

5 El alumno está delante de el armario. _____

6 La papelera está detrás del puerta. _____

8 Escribe cada frase en orden.
Write each sentence correctly.

1 está al armario lado de la El pizarra. *El armario está al lado de la pizarra.*

2 sobre corbata La la mesa está. _____

3 enfrente alumnos están de la pizarra Los. _____

4 la uniforme está de El mesa debajo. _____

5 están computadoras la ventana y la entre Las puerta.

_____

6 la libros en Los están estantería. _____

9 Escribe frases.
Write sentences.

1 window beside door

2 eraser on the table

3 books in cupboard

4 teacher in front of board

5 your ruler under bookcase

6 backpack behind bin

1 *La ventana está al lado de la puerta.*_____

2 _____

3 _____

4 _____

5 _____

6 _____

10 Cambia los nombres en el diagrama de la Actividad 6. Describe tu diagrama y tu compañero/a lo dibuja.
Change the names in the Activity 6 diagram. Describe your diagram for your partner to draw.

1 Completa las asignaturas.
Complete the school subjects.

1 e s p a ñ o l
2 r _ _ _ _ _ ó _
3 g _ _ g _ _ _ _ _
4 t _ c _ _ _ _ _ _ í _
5 e _ _ _ _ _ _ ó _ f _ s _ _ _
6 i _ f _ _ m _ _ _ _ _
7 i _ _ é _

8 m _ _ _ _ _ a
9 f _ _ _ _ é _
10 a _ t _
11 h _ _ t _ _ _ _ _
12 c _ _ _ _ c _ _ _
13 t _ a _ _ _ _
14 m _ t _ _ _ _ _ _ c _ _

2 Empareja las asignaturas con los lugares. Después, escribe una frase para cada asignatura.
Match the subjects and the places. Then write a sentence for each subject

1 educación física
2 informática
3 teatro
4 ciencias
5 matemáticas

a salón de actos
b salón de clase
c laboratorio
d gimnasio
e sala de computadoras

1 *Tengo educación física en el gimnasio.* _____
2 _____
3 _____
4 _____
5 _____

3 Escribe los días de la semana en orden.
Write the days of the week in order.

| martes | sábado | ~~lunes~~ | domingo | jueves | miércoles | viernes |

1 lunes _____ 5 _____
2 _____ 6 _____
3 _____ 7 _____
4 _____

4 Completa las frases.
Complete the sentences.

| estudiamos | martes | ~~estudio~~ | estudia | los | estudias | estudian |

1 Yo ___ *estudio* ___ español los miércoles.
2 _____ domingos no estudio nada.
3 Catalina _____ música los jueves.
4 ¿Qué días _____ informática?
5 Vanesa y Lina _____ geografía lunes y viernes.
6 Los lunes y jueves todos _____ matemáticas.
7 Tengo arte los _____ .

→ Gramática: **regular verbs** SB p. 185

5 Completa las frases.
Complete the sentences.

| la educación física | las matemáticas | ~~el francés~~ | la informática |
| el español | las ciencias | | |

1 Me fascina _el francés_ porque me gustan los idiomas.
2 No me gustan _____ porque no me gustan los números.
3 Me fascinan _____ porque me gustan los experimentos.
4 Me gusta _____ porque me fascinan las computadoras.
5 Me gusta _____ porque me fascina la cultura hispana.
6 No me gusta _____ porque no me gustan los deportes.

6 Escribe las frases.
Write sentences.

| me gusta / me gustan |
| me gusta mucho / me gustan mucho |
| no me gusta / no me gustan |
| no me gusta nada / no me gustan nada |

1 geografía
2 tecnología
3 ciencias
4 religión
5 matemáticas
6 arte

1 _Me gusta la geografía._
2 _____
3 _____
4 _____
5 _____
6 _____

7 Habla con tu compañero/a.
Talk to your partner.

¿La educación física?
No me gusta mucho la educación física. ¿Y a ti?

A mí me gusta mucho la educación física.

8 Escribe el texto en orden.
Write the text correctly.

favorito. Tengo clase
historia y ciencias
nada las ciencias. A
mí me gustan los idiomas.
mucho el inglés! Estudio
El jueves es mi día
de inglés y francés. ¡Me gusta
también. No me gustan

El jueves es mi día
_____
_____
_____
_____
_____
_____

9 **¿Qué estudian y cuándo? Escribe frases para los estudiantes.**
What do they study and when? Write sentences for the students.

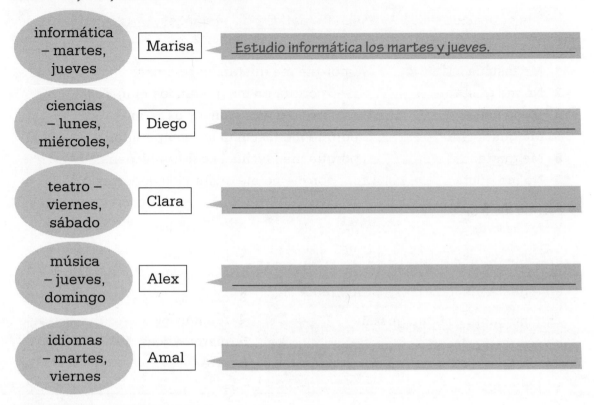

informática – martes, jueves | Marisa | <u>Estudio informática los martes y jueves.</u>

ciencias – lunes, miércoles, | Diego | _____

teatro – viernes, sábado | Clara | _____

música – jueves, domingo | Alex | _____

idiomas – martes, viernes | Amal | _____

10 **Habla con tu compañero/a.**
Talk to your partner.

¿Qué días estudias historia? Estudio historia los miércoles y jueves.

11 **Contesta las preguntas. Escribe frases completas.**
Answer the questions. Write complete sentences.

1 ¿Te gustan las matemáticas?

_____

2 ¿Cuál es tu asignatura favorita?

_____

3 ¿Qué días estudias español?

_____

4 ¿Qué día es tu día favorito? ¿Qué estudias?

_____

5 ¿Estudian religión en tu colegio?

_____

6 ¿Qué asignatura no te gusta nada?

_____

7 ¿Llevas uniforme? ¿Cómo es?

→ *Gramática:* **me gusta** *SB* p. 186

1 Empareja las horas.
Match the times.

1 Son las once y veinte.   **a** 4:00
2 Son las cinco menos cuarto.   **b** 9:15
3 Son las cuatro.   **c** 5:35
4 Son las cinco y media.   **d** 11:20
5 Son las nueve y cuarto.   **e** 4:45
6 Son las seis menos veinticinco. **f** 5:30

2 ¿Qué hora es? Escribe.
What's the time? Write.

1 12:00   *Son las doce.*
2 1:15   _____
3 3:20   _____
4 6:30   _____
5 8:45   _____
6 1:30   _____

3 Túrnate con tu compañero/a.
Take turns with your partner.

| 9:00 educación física | 1:00 historia | 10:20 geografía | 16:30 música |

| 12:15 inglés | 14:00 arte | 15:30 matemáticas | 10:45 teatro |

¿A qué hora tienes educación física?

Tengo educación física a las nueve.

4 Traduce las frases.
Translate the sentences.

1 What's the time? – It's two o'clock.

_____

2 I have English on Mondays and Thursdays.

_____

3 We have Spanish on Tuesdays at nine.

_____

4 On Thursdays, Amparo has maths at half past one.

_____

5 Drama class starts at half past three.

_____

6 On Wednesdays at a quarter past ten, we have science in the lab.

_____

→ *Gramática: **time** SB p. 189*

5 Escribe frases.
Write sentences.

1 arte 12:00–1:00

2 tecnología 10:30–11:15

3 ciencias 3:00–4:10

4 español 11:30–12:10

5 recreo 11:15–11:30

6 almuerzo 12:45–1:45

1 _La clase de arte empieza a las doce y termina a la una._

2 _____

3 _____

4 _____

5 _____

6 _____

6 Completa la conversación.
Complete the conversation.

mucho	~~días~~	los	tengo	gustan	favorita	mí	prefiero

Julián: ¡Hola, Teresa!

Teresa: ¡Hola, Julián! ¿Cómo estás?

Julián: ¡Bien, gracias! ¿Y tú?

Teresa: Muy bien. ¿Qué (**1**) _____días_____ tienes español, Julián?

Julián: (**2**) _____ español los lunes y viernes a las diez.

Teresa: ¡Fantástico! Yo tengo español dos días también pero
(**3**) _____ martes y jueves.

Julián: ¿Te (**4**) _____ los idiomas?

Teresa: Sí, me gustan (**5**) _____ .

Julián: A (**6**) _____ también pero (**7**) _____ la historia.
¡Me fascina!

Teresa: Mi asignatura (**8**) _____ es el arte.

7 Completa las frases con las formas correctas de los adjetivos.
Complete the sentences with the correct forms of the adjectives.

1 Las matemáticas son (fun) _____divertidas_____ .

2 Las ciencias son (boring) _____ .

3 El español es (difficult) _____ .

4 La clase de historia es (intereresting) _____ .

5 La educación física es mi asignatura (favourite) _____ .

6 Me gusta el arte porque es muy (easy) _____ .

7 El español y el inglés son idiomas muy (useful) _____ .

→ Gramática: ***adjective agreement*** SB p. 184; ***time*** SB p. 189

8 Completa las frases con las formas correctas del verbo *preferir*.
Complete the sentences with the correct forms of the verb preferir.

1 Yo _____ *prefiero* _____ las matemáticas.

2 Mis primos _____ el fútbol al tenis.

3 Mi amiga _____ la educación física porque es muy deportista.

4 ¿Qué asignaturas _____ tú?

5 Yo _____ las ciencias porque son muy interesantes.

6 Mi hermana y yo _____ un colegio mixto.

9 Elige las palabras correctas.
Choose the correct words.

Mi amiga Camila prefiere el español
(1) (porque) / **y** es interesante y divertido,
(2) también / pero yo prefiero las matemáticas.
El profesor de matemáticas es bueno
(3) y / también me gusta mucho su clase. A mí
me gusta la educación física **(4) pero / y** Camila
no es deportista. **(5) También / pero** me gusta
el teatro **(6) y / porque** es muy divertido.

10 Escribe el horario de tu día favorito en el colegio. Incluye:
Describe the timetable of your favorite day at school. Include:

* el día
* las asignaturas
* a qué hora empiezan y terminan las clases

Mi día favorito es el _____

_____

_____

_____

_____

_____

_____

_____

11 Túrnate con tu compañero/a.
Take turns with your partner.

¿Te gustan las matemáticas?

Sí, me gustan mucho las matemáticas. Son muy interesantes.

A mí no me gustan las matemáticas. Son difíciles.

3.5 Voy al club de judo (Student's Book pp. 82–83)

1 ¿A qué clubs vas? Escribe cada palabra en orden.
What clubs do you go to? Write each word correctly.

1 rottea _____
2 úmicas _____
3 tboflú _____
4 gforafíaot _____
5 zajered _____
6 ácafinortim _____
7 djuo _____
8 bbluetosqá _____

2 Completa las frases con las formas correctas del verbo *ir*.
Complete the sentences with the correct forms of the verb ir.

1 Yo _____voy_____ al club de judo los lunes.
2 Mi hermano no _____ a la clase de piano hoy.
3 ¿Cuántos alumnos _____ al club de ajedrez?
4 Yo no _____ al club de fotografía los viernes.
5 Juanita _____ al club de fútbol los jueves a las cuatro.
6 ¿Tú _____ al club de música con Ximena?
7 Mis hermanos y yo _____ al gimnasio ahora.
8 ¿Ustedes no _____ al club de teatro los miércoles?

3 Busca y corrige el error en cada frase.
Find and correct the error in each sentence.

el patio	computadoras	el laboratorio	el gimnasio
	la biblioteca	el salón de actos	

1 En el club de informática los alumnos usan ~~guitarras~~.
   En el club de informática los alumnos usan computadoras.

2 Vamos a la pista polideportiva para el club de ajedrez.
_____

3 Hoy tenemos clase de ciencias en el gimnasio.
_____

4 El club de teatro está en el comedor.
_____

5 Voy al club de básquetbol en la biblioteca.
_____

6 Juego fútbol en la sala de profesores en el recreo.
_____

→ Gramática: ***stem-changing verbs*** SB p. 185

4 ¿A qué clubs van? Escribe.
What clubs do they go to? Write.

1 Los alumnos van a este club porque quieren sacar fotos.

2 ¿Te gustan las artes marciales? Este club es perfecto para ti.

3 Vas a este club porque tocas un instrumento.

4 En este club necesitas mucha concentración mental. No es una actividad física.

5 ¿Quieres ser actor? Ven a nuestro club.

6 Te gustan las computadoras. Este es el club ideal para ti.

1 _el club de fotografía_ **4** _____

2 _____ **5** _____

3 _____ **6** _____

5 Elige las formas correctas.
Choose the correct forms.

1 Vamos (al) / **a la** club de informática después del cole.

2 Voy **al** / **a la** clase de francés.

3 Mis hermanos juegan **al** / **a** la básquetbol a las cinco y media.

4 Diana va **al** / **a** la club de teatro esta tarde.

5 Rosa juega **al** / **a** la fútbol los sábados y domingos.

6 Camila y Valentina van **al** / **a** la biblioteca local los sábados.

6 Empareja las frases con los sujetos.
Match the sentences with the subjects.

1 Juegan al fútbol el domingo. **a** yo

2 Juega al tenis los sábados. **b** Sebastián y yo

3 ¿Juegas bien al fútbol? **c** ustedes

4 ¿Juegan al críquet en su país? **d** Javier y su amigo

5 Juego al ajedrez con mi padre. **e** La profesora

6 Jugamos al básquetbol hoy. **f** tú

7 Escribe cada frase en orden.
Write each sentence correctly.

1 club El ajedrez termina empieza dos y a las de a las tres.
El club de ajedrez empieza a las dos y termina a las tres.

2 divertido Yo ir al club es prefiero de teatro porque muy.
_____

3 y media viernes al club a las cinco voy de judo en el gimnasio Los.
_____

4 al tenis El martes y de clase el miércoles juego después.
_____

5 actividades colegio tenemos muchas En mi extraescolares.
_____

6 a las cinco El de en el teatro es y media salón club de actos.
_____

8 Lee el texto. Lee las frases y escribe V (verdadero) o F (falso).
Read the text. Read the sentences and write V (true) or F (false).

Soy Jonás y voy al Colegio El Sol en Trinidad y Tobago. En mi colegio hay un gimnasio muy grande donde puedes jugar al fútbol, básquetbol y voleibol y también hacer otras actividades extraescolares como karate y gimnasia. El lunes tengo karate después de clase. El martes y viernes juego en el equipo de críquet del colegio a las tres y cuarto. Me gusta el deporte. Mis amigos y yo vamos al club de fotografía los miércoles. Es muy interesante. El jueves a las dos y media voy al club de español. Hablamos, leemos, jugamos y cocinamos comida hispana. ¡Es fantástico! Mis amigos no van a este club porque prefieren ir al club de ajedrez. A mí no me gusta el ajedrez. Es aburrido.

1 At Jonas's school you can do lots of sports. ☐ V
2 Jonas plays football, basketball and volleyball. ☐
3 Jonas plays cricket at 4:15 twice a week. ☐
4 He makes food at Spanish club. ☐
5 Jonas's friends also like going to Spanish club. ☐
6 Jonas also enjoys playing chess. ☐

9 Lee el horario de Emily. Contesta las preguntas.
Read Emily's timetable. Answer the questions.

Las actividades extraescolares de Emily

lunes	martes	miércoles	jueves	viernes
ballet 4:30–5:30	tenis 4:00–5:00	piano 5:00–5:45	gimnasia 4:15–4:45	informática 4:00–4:30

1 ¿Qué día es la clase de ballet? <u>La clase de ballet es el lunes.</u>
2 ¿A qué hora termina la clase de piano? _____
3 ¿Qué actividad tiene Emily los jueves? _____
4 ¿A qué hora empieza la clase de gimnasia? _____
5 ¿Qué días hace deporte Emily? _____
6 ¿A qué club va los viernes? _____

10 Completa la conversación.
Complete the conversation.

interesante	patio	sala	vas	cuarto	~~clase~~	las	voy

Lina: Alfredo, ¿Qué haces después de (1) _____ clase _____?
Alfredo: El lunes, juego al básquetbol a las tres en el (2) _____ del colegio. (3) _____ al club de ajedrez a las dos y media en la biblioteca los martes. Los viernes voy al club de fotografía a (4) _____ cuatro y media. Es muy (5) _____.
Y tú Lina, ¿a qué clubs (6) _____?
Lina: Voy a una clase de guitarra a las cinco los jueves en la (7) _____ de música. También voy al club de judo a las cuatro y (8) _____ los viernes.

4 ¿Cómo estás?

4.1 ¡Soy yo! (Student's Book pp. 94–95)

1 Busca 10 partes del cuerpo. Escríbelas.
Find the 10 parts of the body. Write them.

head _____cabeza_____

eyes _____

nose _____

ears _____

neck _____

mouth _____

lips _____

teeth _____

tongue _____

face _____

v	u	v	o	r	e	j	a	s	t	z	e
e	t	w	l	c	s	p	c	g	a	o	j
i	f	t	e	k	r	m	u	m	s	w	n
o	p	a	n	w	b	q	e	v	n	q	l
p	q	p	g	t	o	j	l	l	a	w	b
c	b	c	u	c	c	p	l	m	r	k	v
g	a	v	a	m	a	s	o	h	i	f	o
v	t	b	d	v	p	t	r	g	z	f	g
w	u	a	e	d	i	e	n	t	e	s	f
g	w	h	h	z	y	j	x	l	t	s	r
o	e	j	w	j	a	y	r	c	a	r	a
o	j	o	s	l	a	b	i	o	s	d	b

2 Túrnate con tu compañero/a. Indica y di.
Take turns with your partner. Point and say.

◄ ¿Qué es esto?   Es una oreja. ►

3 Completa las frases.
Complete the sentences.

ojos	orejas	dientes	~~nariz~~	lengua

1 Necesito una ____nariz____ para respirar.

2 Necesito _____ para ver.

3 Necesito _____ para escuchar.

4 Necesito _____ para comer.

5 Necesito una _____ para hablar.

4 Completa las frases con las formas correctas de los adjetivos.
Complete the sentences with the correct forms of the adjectives.

1 Santiago tiene la cabeza (big) ____grande____ .

2 Mónica tiene los ojos (small) _____ .

3 Lina tiene el cuello (long) _____ .

4 Ana tiene los labios (big) _____ .

5 Tomás tiene la boca (small) _____ .

6 Emilia tiene la nariz (big) _____ .

→ *Gramática: adjectives SB p. 184*

5 Escribe las partes del cuerpo en orden, de arriba abajo.

Complete and write the parts of the body in order, from the top to bottom of the body.

| garganta |
| pie |
| rodilla |
| pierna |
| dedos del pie |
| brazo |
| mano |
| estómago |
| dedos |
| espalda |

1 _____la garganta_____
2 _____
3 _____
4 _____
5 _____
6 _____el estómago_____
7 _____
8 _____
9 _____
10 _____

6 Busca y escribe cuatro frases. Tradúcelas.

Find and write four sentences. Translate them.

tienecuatropiernasrosadastengobrazoslargostienenveintededosdelpietieneunestómagomuygrande

1 _____Tiene cuatro ..._____

_____

2 _____

_____

3 _____

_____

4 _____

7 ¡Escribe frases locas!

Write crazy sentences!

1 Luis / 5 heads / big / red   _____Luis tiene cinco cabezas grandes y rojas._____

2 Lola / 7 eyes / small / green   _____

3 Martín / 1 nose / long / yellow   _____

4 Andrés / 2 mouths / small / pink   _____

5 Cristina / hair / short / blue   _____

6 Andrea / 15 teeth / long / black   _____

8 Busca la parte del cuerpo que no corresponde y da la razón.

Find the body part that is the odd-one-out and give the reason.

1 pierna / dedos del pie / ~~espalda~~ / pie   _____not a part of the leg_____

2 rodilla / brazo / mano / dedos   _____

3 garganta / lengua / boca / pierna   _____

4 estómago / ojos / nariz / boca   _____

5 rodilla / pierna / pies / cuello   _____

6 dientes / dedos / labios / lengua   _____

→ Gramática: **articles** SB p. 183; **adjectives** SB p. 184

9 Elige las palabras correctas.
Choose the correct words.

1 Iván (**inclina**) / **chasquea** la cabeza.

2 Samuel y Tomás zapatean con **las manos / los pies**.

3 Ximena **chasquea / bate** los dedos.

4 Dobla **los dientes / las rodillas**.

5 Abran **la cabeza / los ojos**.

6 Los fans hacen una ola con **las orejas / los brazos**.

10 Completa el texto.
Complete the text.

corta	blanca	largas	pequeños
qué	largos	rojos	~~pequeña~~

Mi mascota es (1) ___pequeña___ y (2) _____ . Tiene los ojos
(3) _____ y (4) _____ y unas orejas (5) _____ . Tiene una
boca pequeña con dos dientes (6) _____ . También tiene una cola pero no
es larga. ¡Es muy (7) _____ ! ¿(8) _____ es? Es _____.

11 Describe las características físicas de miembros de tu familia. Habla con tu compañero/a.

¿Cómo es tu madre?

Mi madre tiene los ojos grandes y verdes.

12 Describe un extraterrestre. Tu compañero/a lo dibuja.
Describe an alien. Your partner draws it.

1 Escribe cada palabra y cada frase en orden. Después, escribe una frase para describir cómo te sientes ahora.

Write each word and sentence correctly. Then write a sentence to describe how you're feeling now.

1 orfí egnTo. _____ Tengo frío. _____

2 ndscaao syEto. _____

3 íaereng noell soytE ed. _____

4 mhreab ngToe. _____

5 eñosu egnTo. _____

6 coral eoTng. _____

7 dse nToeg. _____

> Hoy _____

2 **Empareja las frases.**
Match the sentences.

1 Tengo frío.   **a** Son las once de la noche. Mis ojos se cierran y abren.

2 Tengo calor.   **b** Llevo dos suéteres y un pantalón.

3 Tengo hambre.   **c** Juego al fútbol todas las tardes.

4 Tengo sueño.   **d** Bebo dos botellas de agua.

5 Estoy lleno de energía.   **e** Como dos hamburguesas grandes y una pizza.

6 Tengo sed.   **f** No llevo suéter, calcetines o zapatos.

3 **Elige las formas correctas.**
Choose the correct forms.

1 Samanta **está** / **tiene** calor.

2 Álvaro y yo **tenemos** / **estamos** frío.

3 Javier y Cecilia **están** / **tienen** hambre.

4 Mi profesora **está** / **tiene** cansada.

5 Mis hijos **están** / **tienen** llenos de energía.

6 Tú **tienes** / **estás** sueño todo el día.

4 **Busca los opuestos.**
Find the opposites.

1 Tienes sueño.   **a** Estoy llena de energía.

2 Tenemos frío.   **b** No comen nada.

3 Estoy cansada.   **c** Tenemos calor.

4 Tienen hambre.   **d** Tengo frío y no bebo nada.

5 Están muy bien.   **e** No estás cansado.

6 Tengo calor y sed.   **f** Están muy mal.

→ Gramática: *estar, irregular verbs* SB p. 185

5 Completa el crucigrama.
Complete the crossword.

2
1 f	e	l	i	z

Horizontal

1 happy

4 angry

5 sad

7 worried

8 annoyed

Vertical

2 excited

3 scared

6 bored

6 Completa las frases con las formas correctas del verbo *estar*.
Complete the sentences with the correct forms of the verb estar.

1 Estudio todas las tardes y _____*estoy*_____ cansado.

2 Mi hija de cinco años _____ llena de energía todo el día.

3 ¿Por qué _____ enfadadas ustedes?

4 ¿_____ emocionado por tu fiesta de cumpleaños?

5 Mis amigos no juegan al fútbol hoy porque _____ cansados.

6 Mi amiga y yo _____ aburridas en la clase de historia.

7 Completa la conversación.
Complete the conversation.

beber aburrida ~~pasa~~ sientes cansado vamos tienes sed

Fernanda: ¡Hola, Álvaro! ¿Qué te (**1**) _____*pasa*_____ ?

Álvaro: Estoy muy (**2**) _____ . Los viernes juego al voleibol toda la mañana en educación física y por la tarde juego al fútbol en el club de la escuela.

Fernanda: ¡Uf! ¡Es mucho! ¿(**3**) _____ hambre?

Álvaro: No, pero tengo mucha (**4**) _____ . Prefiero (**5**) _____ algo.

Fernanda: ¡Vamos al café!

Álvaro: ¡Sí, (**6**) _____ ! ¿Y tú, cómo te (**7**) _____ hoy?

Fernanda: Estoy un poco (**8**) _____ porque hoy no tengo actividades.

Álvaro: ¡Vamos al café y hablamos un poco!

→ *Gramática:* **estar, irregular verbs** *SB p. 185*

8 Escribe frases.
Write sentences.

1 (Yo) – aburrido – (gustar) clase de ciencias

 Estoy aburrido/a. No me gusta la clase de ciencias.

2 Camilo – cansado – (jugar) mucho críquet

_____

3 Sam y Ana – sed – (beber) limonada

_____

4 Lucía – lleno de energía – (ir) club de teatro

_____

5 Juan y yo – hambre – (comer) pizza

_____

9 Completa las frases con las formas correctas de *ser* o *estar*.
Complete the sentences with the correct forms of ser *or* estar.

1 Lucila ____*está*____ enfadada.

2 Diego y Tomas _____ deportistas.

3 Tú y Sandra _____ muy emocionadas.

4 Mi tío _____ simpático.

5 Tú _____ muy inteligente.

6 Mi madre y yo _____ preocupadas.

10 Lee el texto. Lee las frases y escribe V (verdadero) o F (falso).
Read the text. Read the sentences and write V (true) or F (false).

Hoy es el cumpleaños de Mariana. Está muy emocionada. Hace una fiesta en la piscina. La fiesta es a las tres y media. Mariana está llena de energía, pero su madre está muy cansada. Su mamá prepara la torta, las pizzas y las bebidas toda la mañana. Su hijo Andrés va al club de judo por la mañana y después juega al tenis con Samuel, su mejor amigo. Su madre está enojada con él porque no hace nada para la fiesta de su hermana. Se siente muy preocupada porque hay muchas cosas que necesita hacer: los globos, las decoraciones, la ropa ¡y ya es la una!

1 Mariana is excited about her birthday party.	V
2 Mariana is tired because she has been preparing the food.	☐
3 Andrés will help with the party after going to judo club.	☐
4 Andrés' mother is angry with him because he isn't helping.	☐
5 Mariana's mother is worried because she has a lot to do.	☐
6 Mariana's mother has three hours to get everything ready.	☐

11 Habla con tus compañeros.
Talk to your classmates.

¿Cómo te sientes hoy, Sonia?

Estoy aburrida porque no me gustan las clases hoy.

1 Empareja los síntomas con las enfermedades.
Match the symptoms and illnesses.

1 Estoy mal. Mi piel está roja del sol.   `e`

2 Tengo calor y frío y no tengo energía.   ☐

3 Me duele el estómago mucho. Necesito ir al baño.   ☐

4 Me siento terrible y tengo la nariz roja.   ☐

5 Me duele todo el cuerpo y tengo fiebre.   ☐

> **a** Tengo diarrea.
> **b** Estoy resfriado.
> **c** Tengo gripe.
> **d** Tengo fiebre.
> **e** Tengo insolación.

2 Elige los verbos correctos.
Choose the correct verbs.

1 Cesar (está)/ **tiene** enfermo.

2 Me **siento / tengo** terrible.

3 Elsa **está / tiene** calor y frío.

4 Mi hermana pequeña **está / tiene** fiebre.

5 Mi madre y yo **estamos / tenemos** gripe.

6 **Estoy / Tengo** resfriada.

3 Pon la conversación en orden.
Put the conversation in order.

¿Tiene sed?   ☐

Me duele el estómago y tengo fiebre.   ☐

¡Sí, doctor! ¡Estoy en el baño todo el tiempo!   ☐

Sí, tengo mucha sed.   ☐

Usted tiene una infección en el estómago, señora.
¡A beber agua y tomar esta medicina por la mañana!   ☐

Buenas tardes, Señora López. ¿Qué le pasa?   `1`

Gracias, doctor.   ☐

Y ¿tiene diarrea?   ☐

4 Cambia las frases informales a formales.
Change the informal sentences to formal sentences.

1 ¿Cómo te sientes hoy?   *¿Cómo se siente hoy?*

2 ¿Qué te pasa?   _____

3 Tú estás resfriado.   _____

4 ¿Tienes frío y calor?   _____

6 Estás muy enferma hoy.   _____

5 Completa las frases con *me duele* o *me duelen*.
Complete the sentences with me duele *or* me duelen.

1 _____Me duele_____ la cabeza.

2 _____ el brazo.

3 _____ los dedos.

4 _____ la garganta.

5 _____ las rodillas.

6 _____ la espalda.

6 Empareja las frases.
Match the sentences.

1 Juego en mi celular muchas horas.

2 Juego al fútbol todo el sábado.

3 Veo mucha televisión.

4 Como mucha pizza y mucho chocolate.

5 Juego mucho al tenis.

6 Juego mucho al básquetbol.

a Me duelen las rodillas.

b Me duele el estómago.

c Me duele el brazo.

d Me duelen los ojos.

e Me duelen los pies.

f Me duelen los dedos.

7 Elige las respuestas correctas.
Choose the correct answers.

1 ¿Cuándo vas al dentista?

a cuando me duele la garganta

(b) cuando me duelen los dientes

c cuando me duele la cabeza

2 ¿Cuándo vas al médico?

a cuando me siento lleno de energía

b cuando me siento enfermo

c cuando me siento aburrido

3 ¿Por qué no comes?

a porque tengo hambre

b porque tengo sed

c porque me duele el estómago

4 Tengo fiebre y me siento muy mal.

a Duerme mucho.

b Come mucho.

c Juega al fútbol.

→ Gramática: **me gusta/me gustan, etc.** SB p. 186

8 Completa el texto.
Complete the text.

| terrible | fiebre | ~~siento~~ | duelen | duele | estudiar | piernas | preocupada |

Buenos días, mami. No me (1) ___siento___ muy bien. Me (2) _____ la cabeza
y la garganta. Tengo calor y frío y tengo (3) _____ . Me siento (4) _____ .
Me (5) _____ los brazos y las (6) _____ . No voy al colegio hoy. Estoy muy
(7) _____ porque tengo un examen mañana y no puedo (8) _____.

9 Lee el texto otra vez. Lee las frases y escribe V (verdadero) o F (falso).
Read the text again. Read the sentences and write V (true) or F (false).
The student …

1 isn't feeling well. [V]
2 is a boy. [ ]
3 has a sore throat. [ ]
4 is still going to school. [ ]
5 is worried because there is an exam today. [ ]
6 is too ill to study for the exam. [ ]

10 Túrnate con tu compañero/a. Representa una enfermedad con mímica y adivina.
Take turns with your partner. Mime an illness and guess.

¿Te duele la cabeza?

No.

¿Tienes una insolación?

¡Sí!

11 Escribe cada frase en orden.
Write each sentence correctly.

1 estómago Tengo de dolor.
   Tengo dolor de estómago.

2 siento Tengo una y me bien insolación no.
   _____

3 duelen las brazos Me y piernas los.
   _____

4 estoy al enfermo porque Voy médico muy.
   _____

5 porque muy siento Me tengo gripe mal.
   _____

6 club rodillas de al voy voleibol porque me No duelen las hoy.
   _____

1 Escribe cada comida y bebida en orden. Escribe si te gusta(n).
Write each item of food and drink correctly. Write if you like them.

1 al asdo   la soda   (No) Me gusta la soda.

2 al nesaadal _____ _____

3 sol sdlceu _____ _____

4 al trafu _____ _____

5 le hleoatocc _____ _____

6 sal deraurvs _____ _____

7 le ugaa _____ _____

8 als apasp itafsr _____ _____

2 Lee las frases y escribe S (sano) o M (malsano).
Read the sentences and write S (healthy) or M (unhealthy).

1 Como frutas y verduras todos los días.   S

2 Marcos bebe un litro de agua al día y come muchas verduras. ☐

3 Blanca come hamburguesas y bebe sodas todos los días. ☐

4 Mi hija come muchos dulces. ☐

5 Me gustan las papas fritas, pero no como muchas. ☐

6 Mario no come nada de dulces y prefiere la fruta. ☐

7 Sus abuelos beben demasiado café. ☐

8 No me gusta nada el chocolate. ☐

3 Completa las frases con las formas correctas de *mucho* o *demasiado*.
Complete the sentences with the correct form of mucho *or* demasiado.

1 Sandra come (a lot) ____muchas____ frutas.

2 Viviana no come (too many) _____ verduras.

3 Leonardo y César comen (a lot) _____ chocolate.

4 Yo necesito beber (a lot) _____ agua.

5 Beber (too much) _____ soda no es sano.

6 Mi hermanito come (a lot) _____ dulces.

4 Trabaja en grupo. Pregunta a tus compañeros si comen sano o malsano.
Work in groups. Ask your classmates if they eat a healthy or unhealthy diet.

¿Comes comida sana?

Sí, siempre como mucha fruta.

No como mucha comida sana porque no me gustan las verduras.

→ Gramática: ***mucho/demasiado*** SB p. 184

5 Completa el texto.
Complete the text.

> demasiadas ~~fruta~~ sanos sana ensalada nunca mucha

Soy Roberto. Normalmente por la mañana siempre como (**1**) _____fruta_____ . A la
hora del almuerzo, como una (**2**) _____ o unas verduras.
(**3**) _____ como dulces ni chocolate. No son muy (**4**) _____ .
Siempre bebo (**5**) _____ agua y no bebo (**6**) _____ sodas
porque son muy dulces y para nada sanas. Mi dieta es muy (**7**) _____ .

6 ¿Sano o malsano? Escribe las actividades en la columna apropiada del cuadro.
Healthy or unhealthy? Write the activities in the appropriate column of the table.

comer fruta   comer muchas papas fritas   beber mucha agua   comer muchos dulces

comer una dieta equilibrada   ir al colegio a pie   comer verduras y ensaladas   ir al colegio en carro

dormir lo suficiente   no hacer ejercicio   comer muchas hamburguesas   practicar deporte

beber demasiada soda   no dormir lo suficiente   usar la computadora demasiado   ver demasiada televisión

una vida sana	una vida malsana

7 Túrnate en grupo. Haz una cadena.
Take turns in groups. Make a chain.

Vivo una vida sana. Voy al colegio a pie.

Vivo una vida sana. Voy al colegio a pie y hago ejercicio.

→ *Gramática: **adverbs, negatives** SB p. 187*

8 Empareja las frases.

Match to make sentences.

1 Siempre bebo mucha agua.
2 Lidia nunca hace ejercicio.
3 Siempre van al colegio a pie.
4 Enrique juega al tenis todos los días.
5 No duermen lo suficiente.
6 Comemos demasiada comida malsana.

a Están llenos de energía.
b Siempre están cansados.
c Es muy sana.
d Es muy floja.
e Nunca tenemos energía.
f Hace mucho ejercicio.

9 Lee el texto de la profesora. Escribe diez recomendaciones para tener estudiantes llenos de energía en clase.

Read the teacher's text. Write ten recommendations so that students have energy in class.

> Muchos de mis alumnos no viven una vida muy sana y siempre están cansados en clase. Ven demasiada televisión o usan mucho el celular y después no trabajan en clase. Es importante dormir lo suficiente, comer comida sana y hacer ejercicio para estar lleno de energía. También es importante beber agua y no demasiada soda. Muchos alumnos vienen al colegio en carro. ¡Son flojos! Siempre están enfermos porque no son muy activos. Es necesario ser activo y practicar algún deporte. Siempre preparo clases interesantes y divertidas y necesito alumnos llenos de energía.

1 *vivir una vida sana*
2 _____
3 _____
4 _____
5 _____

6 _____
7 _____
8 _____
9 _____
10 _____

10 Contesta las preguntas. Escribe frases completas.

Answer the questions. Write full sentences.

1 ¿Cómo vas al colegio? ¿A pie o en carro?

_____

2 ¿Cuántas horas duermes?

_____

3 ¿Haces ejercicio? ¿Cuándo?

_____

4 ¿Comes comida sana o malsana?

_____

5 ¿Cuántas horas de televisión ves al día?

_____

6 ¿Cuántas horas al día usas la computadora, la tableta o el celular?

_____

7 ¿Vives una vida sana o malsana?

_____

→ Gramática: **adverbs, negatives** SB p. 187

1 Completa el crucigrama.
Complete the crossword.

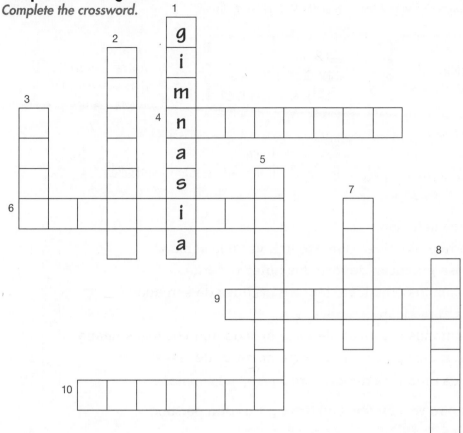

Vertical

1 gymnastics
2 cricket
3 sailing
5 volleyball
7 tennis
8 hockey

Horizontal

4 swimming
6 athletics
9 cycling
10 baseball

2 Completa las frases.
Complete the sentences.

| vela | natación | ~~ciclismo~~ | gimnasia | tenis | atletismo |

1 Sonia practica este deporte con una bicicleta. _____ *el ciclismo* _____

2 María corre los lunes y viernes en una pista polideportiva. _____

3 Juan nada todas las tardes. _____

4 Lisa mueve el cuerpo y gira en una pierna. _____

5 Me gusta el océano y practico este deporte los fines de semana.

_____

6 Llevo la raqueta al colegio para jugar con mi amigo después de clase.

_____

3 Completa las frases con las formas correctas de *jugar* o *practicar*.
Complete the sentences with the correct form of jugar *or* practicar.

1 _____ *Juego* _____ al tenis los martes después de clase.

2 Mis amigos y yo _____ al béisbol los sábados.

3 Yo _____ la gimnasia dos veces a la semana.

4 Mi familia _____ la vela los fines de semana.

5 Mis primos _____ al voleibol los domingos.

6 ¿Qué deportes _____ tú?

4 **Lee las notas. Lee las frases y escribe V (verdadero) o F (falso).**
Read the notes. Read the sentences and write V (true) or F (false).

> Lucas
> sábado – ciclismo

> Liliana
> lunes, miércoles,
> viernes – críquet

> Andrea
> lunes – natación
> jueves – voleibol

> Tomás
> sábado y domingo – vela

> Rosa
> lunes–domingo – natación

1 Rosa practica natación. — V

2 Lucas y Andrea practican deporte una vez a la semana. ☐

3 Liliana y Rosa practican deporte los lunes y viernes. ☐

4 Todos los alumnos practican deporte los fines de semana. ☐

5 Dos alumnas practican la natación. ☐

6 Todos los alumnos practican deporte más de una vez a la semana. ☐

7 Todos los alumnos practican deporte después de clase. ☐

8 Tres alumnos practican deporte tres veces a la semana. ☐

5 **Mira las notas otra vez. Escribe una frase para cada persona.**
Look at the notes again. Write a sentence for each person.

> una vez por semana   dos/tres veces a la semana   los lunes/martes, …
> los fines de semana   todos los días

1 Lucas _practica ciclismo los sábados_____.

2 Liliana _____.

3 Andrea _____.

4 Tomás _____.

5 Rosa _____.

6 Lucas, Tomás y Rosa _____.

6 **Empareja las preguntas con las respuestas.**
Match the question and answers.

1 ¿Qué días juegas al voleibol?   **a** Sí, pero no todos los días.

2 ¿Con quién practicas natación?   **b** Juego al tenis y al béisbol.

3 ¿Qué deportes practicas?   **c** Los lunes y sábados.

4 ¿A qué hora practicas gimnasia?   **d** Dos veces a la semana.

5 ¿Haces mucho ejercicio?   **e** Con mi amigo, Julián.

6 ¿Cuántas veces por semana juegas al críquet?   **f** A las tres y media, después de clase.

→ Gramática: *jugar* or *practicar* SB p. 111

7 Lee el horario de Álvaro. Contesta las preguntas con tu compañero/a.

Read Álvaro's timetable. Answer the questions with your partner.

deporte	lunes	martes	miércoles	jueves	viernes	sábado	domingo
ciclismo	✓	✓	✓	✓	✓	✓	✓
atletismo	✗	✗	✓	✗	✗	✗	✗
voleibol	✓	✗	✗	✗	✓	✗	✗
natación	✗	✗	✗	✗	✗	✓	✓
tenis	✗	✗	✗	✗	✗	✗	✓

1 ¿Cuándo practica el ciclismo Álvaro?

2 ¿Cuántas veces practica el atletismo?

3 ¿Cuántas veces juega al voleibol?

4 ¿Cuándo practica la natación?

5 ¿Cuándo juega al tenis?

6 ¿Qué deportes practica una vez a la semana?

> ¿Cuándo practica el ciclismo Álvaro?

> Practica el ciclismo todos los días.

8 Busca y corrige el error en cada frase.

Find and correct the mistake in each sentence.

1 Juego al tenis dos ~~vez~~ a la semana. _____veces_____

2 Practico la natación todos las días. _____

3 Practico el voleibol los fines de semana. _____

4 Practico deportes tres veces por la semana. _____

5 Juego al críquet una veces a la semana. _____

6 Mi equipo juega béisbol los martes y jueves. _____

9 ¿Qué actividades haces tú? Escribe una frase para cada expresión.

What activities do you do? Write a sentence for each expression.

- todos los días
- los viernes
- una vez a la semana
- dos veces a la semana
- tres veces a la semana
- los fines de semana

1 _____

2 _____

3 _____

4 _____

5 _____

6 _____

→ Gramática: **time expressions** SB p. 189

5 Mi vida cotidiana

1 Busca nueve lugares de la casa. Escríbelos.
Look for nine places in the house. Write them.

kitchen ___cocina___

bathroom _____

dining room _____

patio _____

garage _____

bedroom _____

garden _____

study _____

living room _____

h	k	c	j	s	k	c	o	c	i	n	a
q	c	j	a	s	i	y	b	y	m	i	u
k	o	e	r	t	e	r	r	a	z	a	s
o	m	i	d	g	u	n	q	l	o	s	a
g	e	i	í	w	b	a	ñ	o	a	d	l
n	d	e	n	l	q	w	v	g	g	e	a
z	o	r	m	i	e	s	t	u	d	i	o
o	r	f	p	n	r	x	h	c	c	p	v
k	j	n	ó	i	c	a	t	i	b	a	h
i	i	t	u	y	q	p	e	x	d	c	t
c	t	g	a	r	a	j	e	h	u	h	r
o	w	u	k	g	d	a	e	e	b	o	q

2 Completa las frases.
Complete the sentences.

sala   garaje   estudio   cocina   jardín   comedor   ~~habitación~~   terraza

1 Duermo todas las noches en mi _habitación_.

2 En el _____, mi familia se sienta a la mesa para comer.

3 En la _____ de mi casa hay una televisión y un sofá grande.

4 Yo no necesito un _____ porque no tengo carro.

5 Tenemos una _____ grande donde mis padres preparan la comida todos los días.

6 Tenemos un _____ grande con muchas plantas.

7 En el _____ tenemos dos computadoras y una estantería llena de libros.

8 Hay una _____ con unas sillas para descansar.

3 Lee la descripción de la casa. Dibuja un mapa con la ubicación de los lugares.
Read the description of the house. Draw a map showing the location of the places.

La habitación de mi hermana está a la izquierda de mi habitación. Enfrente de la habitación de mi hermana hay un baño. Enfrente de mi habitación está la habitación de mis padres. El baño de mis padres está a la derecha de su habitación. El cuarto de estudio está enfrente del baño de mis padres. La sala está entre el estudio y el garaje. El comedor está enfrente de la sala.

→ Gramática: **prepositions** SB p. 187

4 Busca y corrige el error en cada frase.
Find and correct the mistake in each sentence.

1 La cocina de mi casa es ~~moderno~~. _moderna_

2 La habitación de mi hermana es grandes. _____

3 Los baños en mi casa son pequeñas. _____

4 La sala de mi casa es blanco y gris. _____

5 Tenemos un cuarto de estudio nueva. _____

6 El jardín es pequeña pero me gusta mucho. _____

5 Lee los textos. Lee las frases y escribe V (verdadero) o F (falso).
Read the texts. Read the sentences and write V (true) or F (false).

Hola, soy Sara. En mi casa hay cuatro habitaciones: una para mis padres, una para mi hermana, una para mi hermano y una para el bebé y para mí. Tenemos dos baños; uno de mis padres y otro para los niños. La sala, la cocina y el comedor son modernos y grandes. El lugar favorito de mi padre es la cocina porque le gusta mucho cocinar. Es el chef de la familia.

Hola, soy Francisco. En mi casa hay cuatro habitaciones: una para mis padres, una para mi hermana y mi abuela Tita, una para el bebé, y una para mí. Tenemos tres baños: el baño de mis padres, el baño de los niños, y el de la abuela Tita. La sala, la cocina y el comedor no son modernos, pero son grandes. El lugar favorito de la familia es el jardín porque jugamos y nos gusta la naturaleza.

1 Francisco y Sara tienen cuatro habitaciones en su casa. **V**

2 En la casa de Sara hay un baño para los padres y un baño para los niños. ☐

3 La cocina de Sara no es moderna. ☐

4 La cocina de Sara es el lugar favorito de su familia. ☐

5 La abuela Tita usa el baño de los niños. ☐

6 El comedor de Francisco es grande. ☐

7 El jardín de Francisco es el lugar favorito de su familia. ☐

8 Las salas de Sara y Francisco son modernas y grandes. ☐

6 Elige las palabras correctas.
Choose the correct words.

1 Tengo que (**preparar**) / **lavar** la cena.

2 Julia tiene que **arreglar** / **sacar** su habitación.

3 Tenemos que **pasar** / **hacer** la aspiradora.

4 Tienes que **poner** / **planchar** la mesa.

5 Tú tienes que **quitar** / **poner** la mesa después de comer.

6 Los niños tienen que **lavar** / **pasar** el carro.

→ *Gramática:* **me gusta/me gustan, etc.** SB p. 186

7 Escribe cada expresión de frecuencia en orden para completar la frase.
Write each expression of frequency correctly to complete the sentence.

1 Teresa ~~canun~~ _nunca_____ plancha su uniforme.

2 Mi hermano **miserep** _____ saca la basura.

3 Samuel lava la ropa **slo sfien ed nemaas** _____.

4 Luna arregla su habitación **ed zve ne duocna** _____.

5 Tú tienes que lavar los platos **oodst slo ídsa** _____.

6 Mi hermana tiene que preparar la cena **a cvees** _____.

8 Lee las listas. Lee y contesta las preguntas.
Read the lists. Read and answer the questions

> **Viviana**
> lavar los platos (miércoles y jueves)
> arreglar mi habitación (sábados)
> lavar el carro de papá (domingo)

> **Raúl**
> preparar la cena (lunes, martes, miércoles, jueves, viernes, sábado y domingo)
> arreglar mi habitación (sábados)
> planchar la ropa (X)

> **Cristina**
> lavar los platos (lunes y miércoles)
> arreglar mi habitación (domingos)
> sacar la basura (lunes y miércoles)

¿Con qué frecuencia ...

1 lava el carro de su papá Viviana? _una vez a la semana_____

2 prepara la cena Raúl? _____

3 arreglan su habitación Viviana, Cristina y Raúl? _____

4 plancha la ropa Raúl? _____

5 lava los platos Viviana? _____

6 saca la basura Cristina? _____

9 Contesta las preguntas. Después, compara con tu compañero/a.
Answer the questions. Then compare with your partner.

1 ¿Planchas tu uniforme? ¿Con qué frecuencia?

_____

2 ¿Con qué frecuencia lavas los platos en casa?

_____

3 ¿Arreglas tu habitación todos los días o de vez en cuando?

_____

4 ¿Quién saca la basura en tu casa? ¿Con qué frecuencia?

_____

5 ¿Preparas la cena siempre, de vez en cuando o nunca?

_____

6 ¿Quién hace la compra? ¿Con qué frecuencia?

_____

→ Gramática: *frequency expressions* SB p. 189

1 Empareja las frases con las traducciones.
Match the sentences and the translations.

1	voy al colegio	**a**	I get up
2	me cepillo los dientes	**b**	I have breakfast
3	me lavo la cara	**c**	I wake up
4	me levanto	**d**	I shower
5	salgo de casa	**e**	I wash my face
6	hago la cama	**f**	I get dressed
7	almuerzo	**g**	I brush my teeth
8	me peino	**h**	I leave the house
9	me visto	**i**	I go to school
10	me despierto	**j**	I make the bed
11	desayuno	**k**	I comb my hair
12	me baño	**l**	I have lunch

2 Completa el texto con las formas correctas.
Complete the text with the correct forms.

En vacaciones, normalmente (**1**) (despertarse) _me despierto_ a las nueve de la mañana. (**2**) (levantarse) _____ para desayunar y después (**3**) (cepillarse) _____ los dientes. No (**4**) (hacer) _____ la cama porque veo la televisión en mi habitación todo el día. A veces (**5**) (bañarse) _____ por la tarde porque no hago nada en casa. Siempre (**6**) (vestirse) _____ con shorts y sandalias para estar en casa. Cuando (**7**) (salir) _____ de casa con mis amigos (**8**) (peinarse) _____ y llevo mis bluejeans y camisas favoritas.

3 Pon la rutina de Camila en orden.
Put Camila's routine in order.

Me acuesto a las nueve después de chatear un poco con mis amigos.	☐
Hago mis tareas.	☐
Me levanto y me baño.	☐
Meriendo un sándwich y jugo antes de hacer las tareas.	☐
Todos los días me despierto a las cinco y media.	1
A las 12 almuerzo en la cafetería del colegio.	☐
Ceno con mi familia y después vemos la televisión.	☐
Llego a casa a las tres y media y tomo una siesta.	☐
Voy al colegio en bus.	☐
Desayuno cereales y fruta.	☐

4 Túrnate con tu compañero/a.
Take turns with your partner.

> Me despierto a las siete.

> Me levanto a las siete y cuarto.

→ Gramática: ***reflexive verbs*** SB p. 185

5 Escribe frases.
Write sentences.

1 Juan
levantarse – 6:45

2 Manuela
despertarse – 7:30

3 yo
bañarse – 5:15

4 Simón
vestirse – 8:00

5 yo
cepillarse los dientes
– 6:00

6 tú
acostarse – ¿A
qué hora?

1 Juan se levanta a las siete menos cuarto.

2

3

4

5

6

6 Lee el cuadro. Lee las frases y escribe V (verdadero) o F (falso).
Read the table. Read the sentences and write V (true) or F (false).

Rutina	Yo	Mi amigo Diego
almorzar	en casa 2:30	colegio 12:00
tomar una siesta	X	3:15
merendar	fruta	X
hacer las tareas	5:30	4:30
cenar	7:30	8:00
acostarse	9:00	9:45
salir con amigos	fines de semana	sábados

1 Diego almuerza en el colegio a las doce. ☑ V

2 Yo tomo una siesta todas las tardes. ☐

3 Yo nunca meriendo. ☐

4 Diego hace las tareas después de cenar. ☐

5 Yo me acuesto a las nueve y media. ☐

6 Diego se acuesta a las diez menos cuarto. ☐

7 Salgo con mis amigos los fines de semana. ☐

8 Diego sale con sus amigos un día a la semana. ☐

7 Escribe sobre la rutina de la tarde de Diego.
Write about Diego's afternoon routine.

→ *Gramática: **reflexive verbs** SB p. 185*

8 Lee. Escribe la actividad que hago.
Read. Write the activity that I'm doing.

| me acuesto | veo la televisión | meriendo | hago mis tareas |
| ~~me cepillo los dientes~~ | me visto | ceno | salgo de casa |

1 Estoy en el baño después de desayunar. <u>me cepillo los dientes</u>

2 ¡Mamá! Necesito el uniforme. _____

3 Es hora de ir al colegio. _____

4 Después del cole, tengo hambre. _____

5 Estoy en el estudio. ¡Las matemáticas son difíciles! _____

6 Estoy en el comedor con mi familia. _____

7 Estoy en la sala después de cenar. _____

8 Estoy en mi habitación. Es tarde y estoy cansado. _____

9 Elige las formas correctas.
Choose the correct forms.

1 Iván (sale) / **salgo** tarde de casa por las mañanas.

2 Mi hermana Lola no **sale** / **salgo** con sus amigos los fines de semana.

3 Mis padres y yo **sales** / **salimos** de casa a las siete de la mañana todos los días.

4 ¿A qué hora **sales** / **salgo** del colegio?

5 ¿A qué hora **sales** / **salen** ustedes de clase?

6 Yo **sales** / **salgo** de casa muy temprano por las mañanas.

10 Escribe cinco frases sobre tu rutina diaria: tres verdaderas y dos falsas. Tu compañero/a adivina cuáles son falsas.
Write five sentences about your daily routine: three true and two false. Your partner guesses which are false.

1 _____

2 _____

3 _____

4 _____

5 _____

11 Contesta las preguntas. Escribe frases completas.
Answer the questions. Write complete sentences.

1 ¿A qué hora te despiertas por las mañanas?

_____

2 ¿Te bañas por la mañana o por la tarde?

_____

3 ¿A qué hora sales de casa por la mañana?

_____

4 ¿A qué hora empiezan las clases en tu colegio?

_____

5 ¿A qué hora te acuestas normalmente?

_____

→ Gramática: **salir** SB p. 133

1 Elige las formas correctas.
Choose the correct forms.

1 Yo (ceno) / **cena** a las siete y media de la noche.

2 Sonia **desayuno** / **desayuna** muy temprano por la mañana.

3 Elena **almuerzo** / **almuerza** en la cafetería del colegio a las doce y media.

4 Por la mañana, yo **desayuno** / **desayuna** y después me cepillo los dientes.

5 Yo no **merienda** / **meriendo** nada.

6 ¿Quién **cena** / **ceno** a las siete de la noche?

7 Luisa **merienda** / **meriendo** un yogurt y una fruta después del colegio.

8 Yo no **almuerzo** / **almuerza** en casa porque mis clases terminan tarde.

2 Escribe las formas correctas del verbo *almorzar*.
Write the correct form of the verb almorzar.

1 yo _almuerzo_

2 tú _____

3 Nando _____

4 Isabel _____

5 usted _____

6 mi familia y yo _____

7 ustedes _____

8 Samuel y Carlota _____

3 Escribe cada palabra en orden para completar las frases.
Write each word correctly to complete the sentences.

1 Gabriela toma la **dmeiearn** _merienda_ todos los días.

2 Emily y Ana **enmeanrid** _____ normalmente a las cuatro y cuarenta y cinco.

3 Santiago no **ienmdera** _____ porque está a dieta.

4 Mis hermanos y yo **ndammereos** _____ una porción de fruta y un vaso de leche.

5 Los profesores **rieednman** _____ con sus estudiantes en la cafetería.

6 ¿Ustedes **dnmienaer** _____ algo o no?

4 Escribe frases completas con una frase de cada cuadro.
Write sentences with a phrase from each box.

~~Yo~~ Leonardo y Felipe Nosotros Usted y su familia Marcela Tú	almuerzas cena almuerzan ~~tomo la merienda~~ desayunamos salen a cenar	a un restaurante los sábados por la noche a las seis y media de la mañana con sus padres y hermanos todas las noches ~~cuando llego a casa después de clase~~ siempre con tus amigos en el colegio a la una en el colegio con sus amigos

1 _Yo tomo la merienda cuando llego a casa después de clase._

2 _____

3 _____

4 _____

5 _____

6 _____

→ Gramática: **almorzar, merendar** SB p. 134

5 Completa el crucigrama.
Complete the crossword.

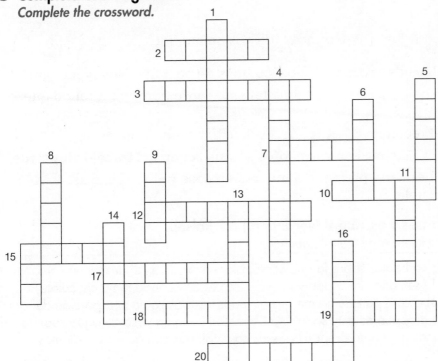

Horizontal

2 cheese
3 sandwich
7 meat
10 chicken
12 cookies
15 pasta
17 apple
18 fish
19 rice
20 orange

Vertical

1 vegetables
4 chocolate
5 smoothie
6 egg
8 pizza
9 juice
11 milk
13 salad
14 ham
15 bread
16 banana

6 Clasifica la comida en grupos. Después completa las frases con lo que comes tú.
Sort the food into groups. Then complete the sentences with what you eat.

Desayuno — Almuerzo

las galletas

el jugo de naranja

el arroz

el sándwich de jamón/queso
la carne
las galletas
las verduras
la ensalada
la pizza
el pollo
la manzana
el jugo de naranja
la banana
el pan
el pescado
el arroz
la pasta
el chocolate caliente
el batido de frutas
los huevos
la leche

1 Normalmente desayuno _____.

2 A veces almuerzo _____.

3 De vez en cuando meriendo _____.

4 Nunca ceno _____.

→ Gramática: **almorzar, merendar** SB p. 134 **adverbs** SB p. 187

7 Completa las frases.
Complete the sentences.

~~generalmente~~   todos los días   nunca   de vez en cuando   siempre

1 _Generalmente_, Luis desayuna huevos los fines de semana. Hoy come pan.

2 Los fines de semana _____ me levanto tarde porque no tengo que hacer nada.

3 Yo meriendo en el recreo _____ a las diez menos cuarto.

4 Víctor _____ cena con sus padres porque llegan del trabajo muy tarde.

5 Normalmente mi hermana pequeña almuerza en casa pero _____ almuerza en la escuela.

8 Lee el texto. Lee las frases y escribe V (verdadero) o F (falso).
Read the text. Read the sentences and write V (true) or F (false).

> Me llamo Emily. Les voy a hablar sobre lo que como. Normalmente en el desayuno como cereales. Dos veces a la semana como pan y huevos. De vez en cuando tomo chocolate caliente pero nunca bebo café porque no me gusta. Todos los días como una porción de fruta porque mi mamá dice que es muy sano. ¡Ah! También bebo un vaso de agua cuando me levanto. Los domingos mi mamá prepara arepas colombianas con queso y tomamos chocolate caliente.
>
> Al mediodía, normalmente almuerzo arroz con pollo, carne o pescado y siempre con una ensalada. Solamente bebo jugo natural porque es más sano. Cuando mi mamá no tiene tiempo para preparar el almuerzo, como un sándwich de queso y una fruta.
> Los fines de semana a veces el almuerzo es pizza o una hamburguesa con papas fritas. Nunca bebemos sodas porque son malsanas. La merienda la tomo a las cinco. Normalmente la merienda es un yogur con galletas o una fruta.

1 Emily always has cereal for breakfast. [F]

2 Sometimes she eats eggs with bread for breakfast. [ ]

3 Sometimes she has hot coffee in the mornings. [ ]

4 After she has her breakfast, she drinks a glass of water. [ ]

5 On Sundays she has hot chocolate with her breakfast. [ ]

6 She usually just has a salad for lunch. [ ]

7 She generally has a soft drink with her lunch at weekends. [ ]

8 She has an afternoon snack around 5 pm. [ ]

9 Trabaja en grupo. Haz un sondeo. Después, presenta los resultados a la clase.
Work in groups. Do a survey. Then present your results to the class.

Nombre	Desayuno	Almuerzo	Merienda	Cena
Juanjo	fruta, leche	pollo, papas fritas	X	pasta

→ Gramática: **almorzar, merendar** SB p. 134; **adverbs** SB p. 187

1 Lee las listas de compras. Lee las frases y escribe V (verdadero) o F (falso).

Read the shopping lists. Read the sentences and write V (true) or F (false).

Marisol	Hugo	Esteban
mantequilla	chocolate	leche
azúcar	azúcar	azúcar
harina	harina	harina
zanahoria	nueces	mantequilla
huevos	huevos	uvas
tomate	cebollas	pan
	sandía	

1 Marisol needs to buy butter and so does Esteban. ☐ V

2 Hugo and Esteban need some fruit. ☐

3 Marisol needs some onions but Hugo doesn't. ☐

4 Hugo needs to buy nuts. ☐

5 Esteban needs some sugar and flour. ☐

6 Hugo and Marisol both need some carrots. ☐

7 All three of them need flour. ☐

8 Hugo doesn't need to buy eggs. ☐

2 Completa las frases.

Complete the sentences.

cebolla   carne   leche   azúcar   ~~uvas~~   harina

1 Para una ensalada de frutas, necesitamos sandía, manzana y _____ uvas _____ .

2 No hay _____ para los cereales.

3 Hay mantequilla, azúcar y huevos pero necesitamos _____ para hacer la torta.

4 El chef necesita tomate y _____ para preparar la salsa para la pasta.

5 El jugo de naranja no está dulce y necesita un poco de _____ .

6 Soy vegetariana y no como _____ .

3 Traduce las frases.

Translate the sentences.

1 There's cake at home. _____

2 There's no sugar. _____

3 We need grapes and watermelon. _____

4 Is there any flour? _____

5 There are oranges and apples. _____

6 Do we need milk? _____

4 Completa las palabras.
Complete the words.

1 Tú d e s a y u n a s leche con cereales todas las mañanas.

2 Santiago y Gerardo __ __ __ __ __ __ z __ __ en la cafetería del colegio con frecuencia.

3 ¿Cuánto c __ __ __ __ __ __ las nueces?

4 Buenos días, señora Jiménez. ¿Qué __ __ s __ __ hoy?

5 Las verduras cuestan doce d __ __ __ __ __ __ .

6 Una d __ __ __ __ __ de huevos, por favor.

5 Empareja las preguntas con las respuestas.
Match the questions and answers.

1 ¿Cuánto cuesta la torta?   a Son trece dólares el kilo.

2 ¿Cuánto cuestan las papas fritas?   b Sí y también hay pan y mantequilla.

3 ¿Cuánto cuesta un kilo de tomates?   c Cuesta veinticinco dólares.

4 ¿Hay leche y huevos?   d Deme medio kilo de queso.

5 ¿Qué desea?   e Son cuarenta y cinco dólares en total.

6 ¿Cuánto es en total?   f Cuestan veinte dólares.

6 Trabaja en grupo. Cuenten.
Work in groups. Count.

dos   cuatro   seis

cinco   diez   quince

7 ¿Cuánto cuestan? Escribe frases.
How much are they? Write sentences.

1 1 kilo de manzanas – 10 dólares

   Un kilo de manzanas cuesta diez dólares.

2 3 kilos de uvas – $17

3 1 jugo de naranja – $6

4 1 hamburguesa de queso – $15

5 2 docenas de huevos – $24

6 1 kilo de verduras – $12

→ Gramática: **cuesta(n)** SB p. 140; **numbers** SB p. 188

8 Pon la conversación en orden.
Put the conversation in order.

No, nada más, gracias. ☐

Las cebollas cuestan dos dólares el kilo. ☐

¿Algo más? ☐

¡Buenos días, señor Quintero! 1

Deme medio kilo de tomates, por favor. ☐

Son cuatro dólares cincuenta en total. ☐

Aquí tiene medio kilo de tomates. ¿Algo más? ☐

Buenos días, señora Nadal. ¿Qué desea hoy? ☐

Dos kilos de cebollas, por favor. ☐

Sí, necesito cebollas. ¿Cuánto cuestan? ☐

9 Trabaja con tu compañero/a. Escribe una conversación en una tienda de comestibles. Usa la conversación de la Actividad 8 para ayudarte.
Work with your partner. Write a conversation in a food shop. Use the conversation in Activity 8 to help you.

¿Hay …?
¿Tiene …?
Deme …

un kilo/medio kilo de
una docena de
una bolsa de
una botella de
una caja de
un paquete de

¿Cuánto cuesta/cuestan?

_____
_____
_____
_____
_____
_____
_____
_____
_____
_____

10 Presenta tu conversación a la clase.
Present your conversation to the class.

1 Escribe cada palabra en orden para describir el tiempo.
Write each word correctly to describe the weather.

1 cHae rocla. _____ Hace calor.

2 ayH anlieb. _____

3 eHac eiovtn. _____

4 yHa oarenttm. _____

5 acHe nube eiopmt. _____

6 eluveL. _____

2 Completa el crucigrama.
Complete the crossword.

Vertical

1 It's raining

2 It's cool

3 The weather is bad

4 It's hot

5 It's windy

6 It's sunny

Horizontal

2 There is a hurricane

7 The weather is good

8 There is fog

9 It's stormy

10 It's snowing

3 Empareja las descripciones con el tiempo.
Match the descriptions with the weather.

1 Hoy no hace mucho calor.

2 No puedo ir a trabajar. Hoy hace mucho viento.

3 Hay accidentes de tráfico. Hay poca visibilidad.

4 Hoy pongo mis shorts y salgo con mis amigos.

5 ¡Quiero un chocolate muy caliente!

6 Hoy llueve y no quiero salir.

a Hay un huracán.

b Hace calor.

c Hace frío.

d Hay mucha niebla.

e Hace mal tiempo.

f Hace fresco.

4 Lee el texto. Lee y contesta las preguntas.
Read the text. Read and answer the questions.

> Hola, soy Liliana. Vivo en Bogotá. Aquí, normalmente hace frío por las noches. Por las tardes a veces hace mucho sol. Hoy llueve un poco pero no hay tormenta. No hay huracanes en esta parte de Colombia. Me gusta estar en casa cuando llueve. Veo la televisión y bebo chocolate caliente. Es muy relajante.

1 What is the weather in Bogotá normally like at night? _____ *cold* _____

2 How often is it sunny in the afternoons? _____

3 What is the weather like today? _____

4 How often are there hurricanes in Bogotá? _____

5 Does Liliana prefer to go out or stay in when it's raining? _____

6 What does she do when it's raining? _____

5 ¿Qué tiempo hace en tu ciudad? Escribe un texto cómo el de Liliana.
What's the weather like in your town? Write a text like Liliana's.

_____

_____

_____

_____

_____

6 Lee el cuadro. Lee las frases y escribe V (verdadero) o F (falso).
Read the table. Read the sentences and write V (true) or F (false).

Cuándo	lunes	martes	miércoles	jueves	viernes
por la mañana	hace sol	hace sol	llueve	hace sol	llueve
por la tarde	hace sol	hace calor	llueve	hace viento	hay tormenta
por la noche	hace calor	hace calor	hay tormenta	hace fresco	hay un huracán

1 Todos los días hace sol. ☐ F

2 Llueve dos días en la semana. ☐

3 Hay un huracán el jueves por la noche. ☐

4 Siempre hace fresco por las noches. ☐

5 El miércoles llueve todo el día. ☐

6 De vez en cuando por las mañanas hace sol. ☐

7 A veces hay tormenta. ☐

8 Nunca hace fresco. ☐

7 Busca la prenda de ropa que no corresponde y da la razón.
Find the item of clothing that is the odd one out and give the reason.

1 Cuando nieva llevo chaqueta, ~~sandalias~~ y gorra.
   not suitable for the snow

2 Hoy hace mucho calor. Llevo una falda corta, sudadera y sandalias.
   _____

3 Lucía lleva un suéter, unos shorts y una chaqueta porque hace frío.
   _____

4 Hoy en Trinidad y Tobago todos llevan chaquetas y chancletas porque está lloviendo.
   _____

5 Cuando hace sol es bueno llevar un sombrero, suéter y chancletas.
   _____

6 Cuando hace buen tiempo llevo unos shorts, calcetines y chancletas.
   _____

8 Completa el texto.
Complete the text.

| y | cuando | pero | porque |

Soy muy deportista (**1**) _____ practico muchos deportes. (**2**) _____
hace buen tiempo, practico voleibol en la playa con mis amigos. Jugamos por
las mañanas (**3**) _____ no hace mucho calor. (**4**) _____ llueve
preferimos jugar al básquetbol en el polideportivo del colegio (**5**) _____
a veces voy al gimnasio solo. Prefiero cuando hace sol (**6**) _____ puedo
practicar mis deportes favoritos al aire libre (**7**) _____ ver a mis amigos
(**8**) _____ en el polideportivo también nos divertimos.

9 Contesta las preguntas. Escribe frases completas.
Answer the questions. Write complete sentences.

1 ¿Qué bebes normalmente cuando hace calor?
   _____

2 ¿Qué te gusta hacer cuando hace sol?
   _____

3 ¿Qué ropa llevas cuando hace calor?
   _____

4 ¿Qué haces normalmente cuando hace frío o llueve?
   _____

5 ¿Qué te gusta beber o comer cuando hace frío?
   _____

6 ¿Qué ropa llevas cuando hace frío o llueve?
   _____

→ Gramática: **hace/hay** SB p. 142; **conjunctions** SB p. 187

6 En mi tiempo libre

6.1 ¡Me encanta la patineta! (Student's Book pp. 154–155)

1 ¿Qué te gusta y no te gusta hacer? Completa el cuadro para ti.
What do you like and not like doing? Complete the table for you.

| escuchar música | hablar por teléfono | jugar videojuegos | leer |

| charlar | pasear | navegar por Internet | salir con mis amigos |

| tocar el piano/la guitarra | montar en bici | andar en patineta |

| ir al cine | ir al polideportivo | ir de compras |

Me encanta

Me gusta

No me gusta

2 Habla con tu compañero/a. Adivina las actividades que le gustan.
Talk to your partner. Guess the activities he/she likes.

¿Te gusta ir al cine?   No. No me gusta ir al cine.

¿Te encanta charlar?   Sí, me encanta charlar.

3 Empareja las frases.
Match to make sentences.

1 La música de Mozart es relajante. Cuando tomo la siesta, ... [d]
2 En el colegio no tengo tiempo para hablar con mis amigos entonces ... [ ]
3 Tengo muchos libros en casa porque ... [ ]
4 Mi mascota está sola en casa todo el día pero después del cole, ... [ ]
5 Soy profesor de matemáticas pero después de mis clases ... [ ]
6 Mi hermano no es activo, pero a mí ... [ ]

a me gusta pasear al perro.
b me encanta andar en patineta todas las tardes.
c me gusta charlar con ellos cuando termino las tareas.
d me gusta escuchar música clásica.
e me gusta tocar la guitarra para relajarme.
f me encanta leer.

→ *Gramática:* **me gusta/me gustan, etc.** *SB p. 186*

4 Completa las frases con los pronombres correctos.
Complete the sentences with the correct pronouns.

me	~~te~~	le	nos	les	les

1 No ___te___ gusta nada practicar deportes porque no eres deportista.

2 Sofía y Ana leen un libro cada semana. _____ encanta leer.

3 Álvaro toca muy bien el piano. También _____ encanta tocar la guitarra.

4 _____ gusta charlar. Tengo muchos amigos.

5 Camila y yo hablamos en el cole. No _____ gusta hablar por teléfono.

6 ¿A ustedes _____ gusta ir al deportivo?

5 Mira el cuadro. Contesta las preguntas.
Look at the table. Answer the questions.

Actividades	Yo	Miguel	Susana	Ángeles
tocar un instrumento	✓	✗	✓	✗
leer	✓	✓	✗	✗
jugar videojuegos	✗	✓	✗	✓
montar en bici	✓	✓	✓	✓
charlar	✗	✗	✗	✓
salir con amigos	✓	✗	✓	✓

1 ¿A quién no le gusta tocar un instrumento?
  A Miguel y a Ángeles no les gusta tocar un instrumento.

2 ¿A quién no le gusta leer?
  _____

3 ¿A quién no le gusta jugar videojuegos?
  _____

4 ¿A quién le gusta montar en bici?
  _____

5 ¿A quién no le gusta charlar?
  _____

6 ¿A quién no le gusta salir con amigos?
  _____

6 Empareja las frases.
Match to make sentences.

1 A Wendell   **a** me encanta montar en bici.

2 A mí   **b** te interesa tocar el violín?

3 A Melisa y a mí   **c** no les encanta hablar por teléfono.

4 A Diana y Liliana   **d** le gusta ir al cine.

5 ¿Ana,   **e** les gusta leer biografías?

6 ¿Chicas,   **f** no nos gusta ir de compras.

→ Gramática: **me gusta/me gustan, etc.** SB p. 186

7 Completa las frases.
Complete the sentences.

1 Por las noches a mí (😐 read) ___no me gusta leer___ antes de dormir.
2 Después del cole a ti (🙂 talk) _____ por teléfono con tus amigas.
3 A Francisco (🙁 go shopping) _____ con su madre.
4 A mí y a mis amigos (🙂 skateboarding) _____ los sábados.
5 A los estudiantes de la clase del señor Pinto (🙂 play the guitar) _____ .
6 A mí y a mis amigos (🙁 play videogames) _____ .

8 Completa las frases con tus propias opiniones.
Complete the sentences with your own opinions.

horrible	aburrido	emocionante	divertido	relajante	genial
difícil	fácil	útil	interesante		

1 Jugar videojuegos _____ es emocionante _____ .
2 Charlar con amigos _____ .
3 Navegar por Internet _____ .
4 Tocar un instrumento _____ .
5 Leer _____ .
6 Salir con amigos _____ .
7 Escuchar música _____ .
8 Andar en patineta _____ .

9 Lee el blog de Gustavo. Escribe frases de lo que le gusta y no le gusta hacer y las razones que da.
Read Gustavo's blog. Write sentences on what he likes and doesn't like doing and the reasons he gives.

Normalmente me levanto muy temprano porque tengo que pasear a Paco, mi perro. Me gusta pasearlo porque es divertido. Por las tardes, después de leer mi libro, me encanta montar en bicicleta con mi hermano. ¡Es emocionante! Todos los días tengo que tocar el piano. Es aburrido porque no soy muy bueno. Después de hacer mis tareas me encanta jugar videojuegos con mis amigos. ¡Es genial! Tengo que ir de compras con mi madre este sábado. No me gusta nada. ¡Es muy aburrido!

1 ___Le gusta pasear al perro porque es divertido.___
2 _____
3 _____
4 _____
5 _____

1 Completa las frases con las formas correctas del verbo _querer_.

Complete the sentences with the correct forms of the verb querer.

1 Estoy cansado. ____Quiero____ tomar una siesta.

2 Laura _____ comer galletas y yogur para su merienda.

3 ¿Usted y su esposa _____ algo más?

4 ¿Qué _____ hacer tú esta noche?

5 Samuel y yo _____ tocar en el concierto de la escuela.

6 Lina y Paola tienen que trabajar, pero _____ salir con sus amigas.

2 Elige las formas correctas.

Choose the correct forms.

1 Iván quiere **baila /** (**bailar**) en su fiesta de cumpleaños.

2 Sara y su hermano quieren **montan / montar** en bicicleta después de clase.

3 Teresa y yo queremos **ir / vamos** al polideportivo todos los días.

4 Ramiro quiere **lavar / lava** el carro hoy porque está muy sucio.

5 ¿Quieres **paseo / pasear** en el parque hoy?

6 No quiero **hablo / hablar** por teléfono con Sofía hoy porque estoy muy enojada.

3 Lee los mensajes de texto. Lee y contesta las preguntas.

Read the text messages. Read and answer the questions.

> Ian, quiero ir al concierto de Las Iguanas esta noche. ¿Tienes ganas de ir? Tengo dos boletos. Me encanta su música.
>
> Carolina

> Manuela, quiero salir hoy. ¿Quieres ir al cine? Hay una película a las seis con mi actriz favorita pero podemos ver otra si quieres.
>
> José

> Luis, estoy enfrente del restaurante. Son las cinco ¿Dónde estás? No me gusta esperar. Tengo hambre y no quiero comer sola hoy.
>
> Paola

1 ¿Quién quiere ir a un concierto? _Carolina quiere ir a un concierto._

2 ¿Con quién quiere salir Carolina?

_____

3 ¿Cuándo quiere ir al cine José?

_____

4 ¿A qué hora es la película que quiere ver José?

_____

5 ¿Qué quiere hacer Paola hoy?

_____

6 ¿Qué no le gusta a Paola?

_____

→ Gramática: **stem-changing verbs** SB p. 185

4 Responde a los mensajes de texto de la Actividad 3.
Reply to the text messages in Activity 3.

Me parece bien.	Está bien.	Bueno.
Vale.	De acuerdo.	¿Cuándo?
¿Qué te parece?	¿Dónde nos encontramos?	Lo siento, no puedo porque tengo que …

Carolina, _____

_____

José, _____

_____

Paola, _____

_____

5 Completa la conversación.
Complete the conversation.

tienes ganas de	parece	bien	las	genial
	encontramos	~~quiero~~	gustan	

- Carmen, estoy en casa y muy aburrida. (**1**) _____Quiero_____ salir. ¿(**2**) _____ ir al cine esta tarde?
- ¡Sí, (**3**) _____! ¿Qué quieres ver?
- Pues, a mí me (**4**) _____ las películas de acción.
- ¡Ay, no! ¡A mí me encantan las comedias románticas!
- ¿Podemos ver una comedia?
- Está (**5**) _____.
- ¿Dónde nos (**6**) _____? ¿En tu casa o en el cine?
- Delante del cine me (**7**) _____ bien. ¿A qué hora?
- A (**8**) _____ doce.
- Vale. ¡Hasta luego!

6 Anota actividades para este sábado. Invita a tu compañero/a.
Note activities for this Saturday. Invite your partner to go with you.

1 _____*almorzar en el café*_____

2 _____

3 _____

4 _____

5 _____

¿Quieres ir a almorzar en el café?   ¿A qué hora?

A la una.   Lo siento, no puedo. A la una tengo que ir de compras con mi mamá.

→ Gramática: **stem-changing verbs** SB p. 185

7 Lee el correo electrónico. Lee y contesta las preguntas.
Read the email. Read and answer the questions.

> Hola, Pedro
> ¿Cómo estás? ¿Quieres ir al partido de críquet? Mi equipo favorito juega el domingo y no quiero ver el partido por televisión. Es aburrido. Prefiero ir al estadio. Juegan los Caballos Blancos contra los Trillos del Norte. Dicen todos que los Caballos son los mejores pero los Trillos del Norte juegan muy bien. En los Trillos juega mi primo Iván, que es el mejor jugador del país, por eso son mis favoritos. El partido empieza a las tres y cuarto, pero antes ¿quieres ir a almorzar en el nuevo restaurante cubano de la ciudad? ¿Quieres invitar a Lina? Está bien, no hay problema porque también viene Andrea. ¿Qué te parece? Escríbeme o llámame si quieres ir y nos encontramos en mi apartamento o en tu casa al mediodía.
> Hasta pronto
> Pacho

1 What does Pedro suggest they do?

   a play cricket **b** watch cricket on TV **c** watch cricket at the stadium

2 Which is his favorite cricket team?

   a Los Caribeños **b** Los Caballos Blancos **c** Los Trillos del Norte

3 When does the match start?

   a noon **b** 3:40 **c** 3:15

4 Where does he suggest having lunch?

   a in a Cuban restaurant **b** with his cousin **c** at his house

5 When does he suggest they meet?

   a 1:00 **b** 12:00 **c** 11:00

6 Who's definitely going to the match?

   a Pacho and Pedro **b** Pacho and Lina **c** Pacho and Andrea

8 Escribe un correo invitando a tu amigo/a a acompañarte a una actividad.
Write an email inviting your friend to join you for an activity.
Incluye:

- invitación a la actividad
- por qué te gusta y quieres ir
- dónde y cuándo se pueden encontrar
- otras actividades que pueden hacer

_____

_____

_____

_____

_____

_____

→ Gramática: *stem-changing verbs* SB p. 185

1 Completa el crucigrama.
Complete the crossword.

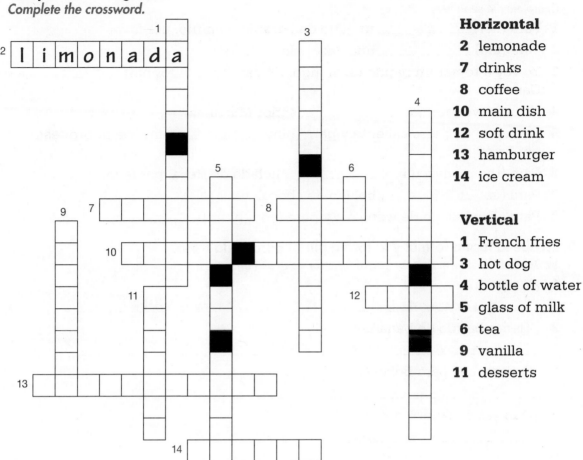

Horizontal

2 lemonade
7 drinks
8 coffee
10 main dish
12 soft drink
13 hamburger
14 ice cream

Vertical

1 French fries
3 hot dog
4 bottle of water
5 glass of milk
6 tea
9 vanilla
11 desserts

2 Completa las frases.
Complete the sentences.

| botella vainilla jamón batido ~~limonada~~ helado café papas fritas |

1 Para ella, una ___limonada___ muy fría.

2 Yo quiero un sándwich de _____, por favor.

3 ¿Qué prefieres helado de fresa, chocolate o _____ ?

4 ¿La hamburguesa viene con _____ ?

5 Hace mucho calor y me apetece un _____ .

6 ¿Cuánto cuesta una _____ de agua fría?

7 Para mí un _____ de banana, por favor.

8 Por las mañanas normalmente tomo un _____ con arepas.

3 Túrnate con tu compañero/a para pedir.
Take turns with your partner to order.

◁ *¿Qué quieres tomar?*   *Quiero una hamburguesa con papas fritas.* ◁

◁ *¿Y para beber?*   *Una soda, por favor.* ◁

→ Gramática: **tú & usted** p. 186

4 Completa las frases.
Complete the sentences.

1 Para (her) ____ella____ un jugo de naranja bien frío, por favor.

2 Para (me) _____ una ensalada de frutas.

3 Yo voy a tomar un batido de mango. ¿Y para (you, informal) _____, Camilo?

4 ¿Y para (you formal) _____, señor Martínez?

5 Yo quiero un perro caliente y para (him) _____ una hamburguesa, por favor.

6 Para (them, masculine) _____ helado de fresa, por favor.

7 Para (us) _____, helado de chocolate.

8 Para ellas helado de vainilla, ¿y para (you, plural) _____, chicos?

5 Escribe la forma formal y la forma plural para cada frase.
Write the formal form and the plural form for each sentence.

1 ¿Y para ti?

_____¿Y para usted?_____   _____¿Y para ustedes?_____

2 ¿Tienes batido de banana?

_____   _____

3 ¿Qué deseas para beber?

_____   _____

4 ¿Qué vas a comer?

_____   _____

5 ¿Quieres tomar postre?

_____   _____

6 Aquí tienes tu postre.

_____   _____

6 Completa la conversación en el restaurante con tus propias ideas.
Complete the conversation in the restaurant with your own ideas.

– Hola, ¿qué desea tomar?

• _____

– ¿Quiere papas fritas o una ensalada para acompañar?

• _____

– ¿Y para beber?

• _____

– Lo siento, no hay. ¿Desea otra bebida?

• _____

– ¿Y quiere tomar postre?

• _____

– Muy bien. Ahora le traigo su bebida.

• _____

→ Gramática: **pronouns after prepositions** SB p. 164; **tú & usted** p. 186

7 Lee la conversación. Lee y contesta las preguntas.
Read the conversation. Read and answer the questions.

Mesero: ¿Qué desean comer hoy?
Elvira: Bueno, para mí una hamburguesa. Y para ella arroz con pollo.
Mesero: ¿Quiere papas fritas o ensalada con la hamburguesa?
Elvira: Ensalada, por favor.
Sonia: Yo también quiero una ensalada con el arroz, por favor. Y pan, claro.
Mesero: Muy bien. ¿Y para beber?
Elvira: ¿Tienen sodas?
Mesero: No, lo siento, pero tenemos deliciosos jugos naturales o limonada fresca.
Elvira: ¿Qué jugos tienen?
Mesero: Tenemos jugo de naranja, manzana o mango.
Elvira: Para mí un jugo de mango.
Sonia: Yo quiero una limonada bien fría, por favor.
Mesero: ¡Buen provecho!

1 ¿Los clientes quieren almorzar o desayunar?
Los clientes quieren almorzar.

2 ¿Qué piden las dos para acompañar sus platos principales?

3 ¿Qué otra cosa pide Sonia para acompañar su arroz y ensalada?

4 ¿Qué tipo de bebidas tiene el restaurante?

5 ¿Qué jugos tiene el restaurante?

6 ¿Qué bebidas piden?

8 Trabaja en grupos de tres. Escribe una conversación en un restaurante. Usa la conversación de la Actividad 7 para ayudarte. Preséntala a la clase.
Work in groups of three. Write a conversation in a restaurant. Use the one in Activity 7 to help you. Perform it for the class.

1 Completa las frases.
Complete the phrases.

| hacer ir jugar ~~celebrar~~ tener hacer |

Para (1) _____celebrar_____ mi cumpleaños, no quiero (2) _____
a un restaurante. ¡Prefiero (3) _____ una piyamada! Quiero
(4) _____ karaoke y (5) _____ a las charadas.
Y quiero (6) _____ una piñata también.

2 Empareja las descripciones con las actividades.
Match the descriptions and the activities.

1 Mis amigas y yo después de comer la torta dormimos en mi casa. [f]

2 Me encanta porque tiene muchos dulces y sorpresas adentro. [ ]

3 A mis padres les gusta la magia, pero a mí no me gusta para nada. [ ]

4 Soy buena actriz y para mí este juego es muy divertido. [ ]

5 Tomamos fotos locas con diferentes sombreros y ropa. [ ]

6 Me encanta cantar mis canciones favoritas con mis amigos. [ ]

a la fotocabina

b los magos

c el karaoke

d la piñata

e las charadas

f una pijamada

3 Lee los textos. Escribe la mejor actividad para la fiesta de cada persona y da la razón.
Read the texts. Write the best activity for each person's birthday party and give the reason.

Martín
> Tengo seis años. Me gusta estar con amigos y mi familia. No me gusta mucho jugar juegos, pero me encantan los actos de magia.

Marcela
> Tengo once años. No me gusta ir al restaurante. Prefiero comer pizza y palomitas en casa. A mis amigas y a mí ¡nos encanta cantar y bailar! Vivo en un apartamento pequeño.

Ramón
> Tengo 10 años. Me gusta estar con mis amigos. Nos gusta hablar mucho. Me gusta jugar videojuegos, a las charadas y a las cartas. Vivo en una casa grande.

David
> Tengo cinco años. Me encantan los globos – y ¡los lanzadores de confeti! Me gustan las sorpresas y los dulces. Mi casa tiene un jardín.

Dayana
> Tengo doce años. Me encanta comer comidas de diferentes países.

1 Para Martín: _un mago porque le encantan los actos de magia_

2 Para Marcela: _____

3 Para Ramón: _____

4 Para David: _____

5 Para Dayana: _____

→ Gramática: **me gusta/me gustan, etc.** *SB p. 186*

4 Corrige las fechas de las celebraciones.
Correct the dates of the celebrations.

1 El ~~veinticuatro~~ de febrero se celebra San Valentín.   *catorce* _____

2 En junio/julio se celebra la Pascua.   _____

3 El dos de septiembre se celebra el día de los Muertos.   _____

4 El veintiséis de diciembre se celebra la Navidad.   _____

5 En mayo se celebra Divali.   _____

6 El treinta de diciembre se celebra la Nochevieja.   _____

7 El dos de noviembre se celebra el día de Todos los Santos.   _____

8 El veintitrés de enero se celebra el día de San Juan.   _____

5 Escribe cuatro frases de días que celebra tu familia. Incluye las fechas.
Write four sentences of days that your family celebrates. Include the dates.

1 _____

2 _____

3 _____

4 _____

6 Busca los platos en la sopa de letras para completar las descripciones.
Find the dishes in the wordsearch to complete the descriptions.

1 Una salsa tipo caramelo que se llama _____ *dulce* _____ de leche.

2 Tortillas de maíz rellenas de carne y otros ingredientes, típicas de México se llaman _____ .

3 Tortas aplanadas hechas con harina de maíz, que se comen con otras comidas o se rellenan se llaman _____ .

4 Palitos de queso frito se llaman _____ .

5 Torta que se hace con las yemas de huevo, azúcar y otros ingredientes se llama _____ .

6 Tipo de pan de forma circular, hecho con maíz se llama _____ .

7 Masa de pan rellena de pollo o carne y cocida al horno o frita se llama _____ .

8 Un postre de caramelo y huevos se llama _____ .

```
z z y (d u l c e) l e s u
j u z e t a b x w m q x
o j r d o l j b x p u r
m b j a r e a i d a e q
l b h k t c t e t n s c
i b j p i h e n k a i d
u x l c l e q m f d l k
g o d v l y u e a a l x
y i r t a z e s r e o y
t a c o s v ñ a e k z y
r v x t y o o b p q n n
s i n n y s s e a d q t
```

7 Lee el texto. Lee las frases y escribe V (verdadero) o F (falso).
Read the text. Read the sentences and write V (true) or F (false).

¡Hola! Me llamo Emilia, tengo seis años y me gusta celebrar mi cumpleaños porque puedo invitar a mis amigos y primos a mi casa. Normalmente para mi cumpleaños mi mamá y yo hacemos una torta especial. Ella es una excelente cocinera. Me gusta ayudar a decorar la casa con globos de muchos colores. También hacemos una piñata y ponemos dentro muchos dulces y sorpresas. Me gusta romper la piñata, es muy divertido, pero a mi hermano pequeño no le gusta, siempre llora porque nunca toma muchos dulces. También mi mamá prepara una superpizza con mis ingredientes favoritos, queso y jamón. Para beber mi mamá prepara jugos naturales. Yo prefiero las sodas pero mi mamá dice que no son sanas. Mis fiestas de cumpleaños siempre son muy divertidas porque jugamos todo el tiempo en mi habitación o en el patio de mi casa.

1 Emilia invita a sus amigos y familia a sus cumpleaños. ☐ V

2 Emilia y su mamá compran una torta especial. ☐

3 Emilia y su mamá hacen la piñata para la fiesta. ☐

4 En las fiestas de Emilia, los invitados beben sodas. ☐

5 La pizza favorita de Emilia es de jamón y queso. ☐

6 Las fiestas de Emilia son aburridas. ☐

8 Corrige las frases falsas de la Actividad 7.
Correct the false sentences from Activity 7.

_____

_____

_____

9 Habla con un compañero/a que celebra algo diferente a ti. Contesta las preguntas sobre su celebración.
Find a partner who celebrates something different from you. Answer the questions about his/her celebration.

¿Qué celebras en tu familia?   Celebramos Divali.

1 ¿Qué celebra tu compañero/a?
   Rani celebra Divali.

2 ¿Cuándo?

_____

3 ¿Con quién celebra ese día?

_____

4 ¿Come o bebe algo especial ese día?

_____

5 ¿Qué hace en esa celebración?

_____

6 ¿Qué detalles parecidos tiene con tu celebración?

_____

→ Gramática: **questions** SB p. 188

Prueba de mitad de año

1 Elige las palabras correctas.
Choose the correct words.

¡Hola! Me **(1) llamas / llamo / llama** Diana Giménez. Soy **(2) argentino /
argentinas / argentina**. Tengo trece años y soy de estatura media. Tengo los
ojos **(3) negras / negro / negros** y el pelo negro, corto y rizado. Me parezco a
mi mamá. **(4) Viven / Vivo / Vives** con mi padre, mi madre y dos hermanos.
Mi padre es profesor de matemáticas y mi madre es maestra en una escuela
primaria. Vivimos en un apartamento en el norte de la ciudad. No tenemos
mascotas **(5) también / pero / y** quiero un gato para mi cumpleaños. **(6) Hablas /
Hablo / Habla** inglés, español y un poco de francés. Voy a un colegio mixto.
(7) Juega / Juego / Juegan al fútbol después de las clases pero mis amigas
(8) preferimos / prefieren / prefiero jugar al voleibol.

2 Lee el texto otra vez. Lee las frases y escribe V (verdadero) o F (falso).
Read the text again. Read the sentences and write V (true) or F (false).

1 Diana is 13 years old. ⬛ V
2 She is tall, and has dark-brown eyes, and short, straight black hair. ⬜
3 She lives with her parents and two sisters. ⬜
4 Her mother and father are teachers. ⬜
5 She lives in an apartment outside the city. ⬜
6 She goes to a girls' school. ⬜
7 She got a cat for her birthday. ⬜
8 She plays volleyball with her friends after school. ⬜

3 Contesta las preguntas. Escribe frases completas.
Answer the questions. Write full sentences.

1 ¿Cuáles son tus apellidos?

_____

2 ¿Cuántas personas hay en tu familia?

_____

3 ¿De dónde eres?

_____

4 ¿Cuándo es tu cumpleaños?

_____

5 ¿Qué ropa llevas al colegio?

_____

6 ¿Qué haces después de clase?

_____

4 Empareja las frases con los números.
Match the sentences and numbers.

1 Mi cumpleaños es el trece de enero.   **a** c/39, 75

2 Calle treinta y nueve, número sesenta y cinco   **b** 6 84 14 72

3 Tel: seis, ochenta y cuatro, veinticuatro, cincuenta y dos   **c** 13/01

4 Mi clase es a las doce y media.   **d** c/39, 65

5 Tel: seis, ochenta y cuatro, catorce, setenta y dos   **e** 12:30

6 Mi cumpleaños es el tres de enero.   **f** 2:30

7 Mi clase es a las dos y media.   **g** 6 84 24 52

8 Calle treinta y nueve, número setenta y cinco   **h** 03/01

5 Lee el texto. Lee las frases y elige las respuestas correctas.
Read the text. Read the sentences and choose the correct answers.

> ¡Hola! Soy Zayda. Soy trinitense pero mi familia y yo vivimos en Cuba porque mi madre tiene un buen trabajo aquí. Mi madre es dominicana y mi padre es de Puerto Rico. Tengo una mascota. Es un gato blanco y gris pero su nombre es Café. Me gusta vivir en Cuba porque para mi cumpleaños normalmente hacemos una fiesta en la costa con mis amigos del colegio. Nadamos y jugamos. Soy muy buena en matemáticas y ayudo a mi mejor amigo después de clase. Él me ayuda a mí con el español porque es bueno en idiomas. No soy muy deportista pero estoy en el club de natación de la escuela.

1 ¿De dónde es Zayda?

    a Es de Cuba. **b** Es de Puerto Rico. (**c**) Es de Trinidad y Tobago.

2 ¿Cómo se llama la mascota?

    a Se llama Cuba. **b** Se llama Café. **c** Se llama Blanco.

3 ¿Cómo celebra Zayda su cumpleaños?

    a Hace una fiesta en casa. **b** Nada y juega con sus amigos.
      c Lo celebra en el colegio.

4 ¿Qué asignatura prefiere Zayda?

    a los idiomas **b** la educación física **c** las matemáticas

5 ¿Qué hace después de clase?

    a Ayuda a su amigo con las matemáticas. **b** Practica deportes.
      c Ayuda a su amigo con el español.

6 Completa las frases.
Complete the sentences.

1 Yo (preferir) __prefiero__ llevar (the red tie) _____ a la fiesta de Susana.

2 Tú (jugar) _____ al (chess) _____ todos los sábados.

3 Amparo y yo (ir) _____ al (photo club) _____ los martes.

4 Sofía (hacer) _____ (a party) _____ para su cumpleaños este sábado.

5 Mis primos (estudiar) _____ historia y siempre están en la (library)
_____ .

6 Ustedes (tener) _____ (physical education) _____ hoy.

7 **Imagina que tienes una mascota extraterrestre. Descríbela.**
Imagine that you have an alien pet. Describe it.

¿Cómo se llama?	¿Cómo es físicamente?	¿Cómo es su carácter?

_____

_____

_____

_____

_____

8 **Lee el texto. Lee las frases y elige las respuestas correctas.**
Read the text. Read the sentences and choose the correct answers.

Soy Shay. No me gusta nada mi horario. Es muy aburrido. Tengo historia todos los días de las siete a las ocho de la mañana. A las ocho tengo clase de matemáticas por cuarenta minutos y después el recreo. En el recreo me gusta jugar al fútbol con mis amigos pero solo tenemos quince minutos. Almuerzo en la cafetería del colegio pero no me gusta nada la comida porque no es buena. Por las tardes, tengo clases más divertidas: educación física, música y arte. Llevamos uniforme pero no me gustan los colores. Los shorts son negros, la camisa es blanca, la corbata y los zapatos también son negros. Prefiero una corbata roja. ¿Cómo es tu horario y tu colegio?

1 What does Shay think of his timetable?

   a It's interesting. **b** It's fun. **ⓒ** It's boring.

2 How long does the history lesson last?

   a 40 minutes **b** 60 minutes **c** 90 minutes

3 What subject is before break?

   a maths **b** history **c** PE

4 What lessons does Shay enjoy?

   a history and maths **b** art, music and PE **c** music and history

5 What colour is Shay's school tie?

   a black **b** white **c** red

9 **Elige las palabras correctas.**
Choose the correct words.

Soy Luciana. José, Ximena y yo (**1**) **son / es / (somos)** hermanos. José es
(**2**) **habladora / hablador / habladores** pero Ximena es un poco (**3**) **tímida / tímidas / tímido**. Ellos son (**4**) **amable y divertido / amables y divertidas / amables y divertidos**. José es un poco perezoso pero Ximena y yo somos deportistas. Somos (**5**) **buenos / buena / buenas** en tenis. El tenis (**6**) **nos fascinan / me fascinan / nos fascina**. Todos los días practicamos después del colegio. Nuestro uniforme es una camisa (**7**) **amarillo / amarillas / amarilla**, una falda o un pantalón gris y un suéter (**8**) **blanca / morada / verde**. No me gusta para nada.

Prueba de fin de año

1 Elige las palabras correctas.
Choose the correct words.

Yo soy Lucía y esta es Paola. Paola es la hermana de mi mamá. Es maestra de español y es una persona llena de energía. Va al gimnasio todos los días y **(1) tiene /** hace **/ hacen** ejercicio por las mañanas. **(2) Siempre / Nunca / Una vez por semana** bebe mucha agua para estar sana. Siempre **(3) va / vas / ir** al trabajo a pie pero cuando **(4) es / está / tiene** cansada va en carro. Normalmente duerme ocho horas diarias pero cuando está enferma o **(5) es / tiene / está** gripe duerme todo el día. Cuando **(6) le duelen / le duele / me duele** el estómago o la cabeza prefiere tomar productos naturales para el dolor. Le gusta la comida sana y las verduras **(7) le encanta / me encantan / le encantan**. Cuando llueve y **(8) hay / hace / es** frío, ve la televisión o escucha música. Es una persona muy amable y graciosa y la quiero mucho.

2 Lee el texto otra vez y contesta las preguntas.
Read the text again and answer the questions.

1 ¿Paola es la tía o la hermana de Lucía? _____

2 ¿A dónde va Paola todos los días por la mañana? _____

3 ¿Cómo va Paola al trabajo? _____

4 ¿Cuántas horas duerme Paola normalmente? _____

5 ¿Qué toma cuando le duele la cabeza? _____

6 ¿Qué tipo de comida le gusta? _____

7 ¿Qué hace cuando llueve? _____

8 ¿Cómo es Paola? _____

3 Escribe una conversación entre Ian y Carolina.
Write a conversation between Ian and Carolina.

Nombre: Ian **Apellido(s):** Joseph
Edad: 13 **Cumpleaños:** 07/02
Actividades de tiempo libre: tocar la guitarra, correr, escribir
Le gusta: matemáticas, música, frutas y verduras
No le gusta: comidas rápidas, ciencias, planchar

Nombre: Carolina **Apellido(s):** Scott
Edad: 12 **Cumpleaños:** 11/01
Actividades de tiempo libre: hacer ejercicio, ver televisión, escribir
Le gusta: español, arte, frutas
No le gusta: comida chatarra, dormir, historia, cocinar

4 Lee el texto. Lee las frases y elige las respuestas correctas.
Read the text. Read the sentences and choose the correct answers.

> Hoy es el primer día del año. Es mi cumpleaños. Tengo trece años. Soy colombiana pero vivo en Jamaica con mi madre. Mi papá vive en Barbados. Siempre llevo puesto algo de color rojo porque es mi color favorito. Hoy llevo unos bluejeans azules, una camiseta morada, unos calcetines rojos y unas botas negras. También llevo una chaqueta blanca y azul porque esta tarde voy al cine con mis amigos. Prefiero el buen tiempo. Me encanta el calor porque puedo llevar mis shorts y chancletas. No me gusta el frío y me molesta cuando llueve porque tengo que estar en casa todo el tiempo. ¡Es aburrido! Mi deporte favorito es la natación. Practico los lunes, miércoles y sábados en el club del colegio. Estoy en un grupo de música y tocamos música latina. Yo toco la guitarra. Nos llamamos 'Los pájaros latinos' y practicamos después de clase.
> *Georgina*

1 ¿Qué fecha es hoy?

   a 1 de junio **(b)** 1 de enero **c** 11 de enero

2 ¿De dónde es Georgina?

   a Es de Jamaica. **b** Es de Barbados. **c** Es de Colombia.

3 ¿Por qué le gusta llevar algo rojo?

   a porque le gusta el color **b** porque tiene unos calcetines rojos

   c porque va al cine

4 ¿Con qué frecuencia nada Georgina?

   a dos veces a la semana **b** una vez a la semana **c** tres veces a la semana

5 ¿Por qué se llaman 'Los pájaros latinos'?

   a porque tocan la guitarra **b** porque tocan música latina

   c porque practican después de clase

5 Elige las palabras correctas.
Choose the correct words.

Samuel: Hola, Patricia, ¿cómo estás? ¿(1) **Necesitas /** **Quieres** **/ Tienes** ir al restaurante 'Fiesta caribe' esta tarde?

Patricia: Oh, Samuel, lo siento. Quiero ir pero (2) **necesito / tengo / quiero** que ayudar a mi mamá en casa hoy. Hay mucho que hacer: pasar la aspiradora, planchar y (3) **quitar / arreglar / lavar** mi habitación. ¡Para nada divertido! ¿Vamos mañana?

Samuel: (4) **Me parece / De acuerdo / No está** bien. ¿A qué hora nos encontramos?

Patricia: (5) **A las / A la / Es la** una y media en la plaza enfrente del restaurante.

Samuel: De acuerdo, hasta mañana.

En el restaurante …

Mesero: ¡Buenas tardes! ¿Qué (6) **deseas / desea / desean** comer?

Samuel: Yo quiero tortilla de pollo y unas papas fritas, por favor.

Patricia: (7) **Para él / Para mí / Para ella** un taco con carne y una ensalada.

Mesero: ¿Y para beber?

Samuel: Una soda para mí y para ella una limonada.

Mesero: Aquí tienen. (8) **¡Buena suerte! /** **¡Bienvenidos! /** **¡Buen provecho!**

6 Empareja las preguntas con las respuestas.

Match the questions and answers.

1 ¿Cómo te sientes?

2 ¿Qué le pasa a Ana?

3 ¿Quién es esa chica?

4 ¿Qué le pasa a Arturo?

5 ¿Haces mucho ejercicio?

6 ¿Ayudas en casa?

7 ¿Quieres ir de compras?

8 ¿Dónde nos encontramos?

a En el centro comercial.

b Voy al gimnasio dos veces a la semana.

c Tiene una insolación.

d Bueno. ¿Cuándo?

e Estoy enfermo. Me duele todo el cuerpo.

f Es la hermana de Sol.

g Está preocupada.

h No hago nada.

7 Lee el texto. Lee las frases y elige las respuestas correctas.

Read the text. Read the sentences and choose the correct answers.

Buenas tardes, doctor. Mi hijo Emerson tiene algunos problemas. Cuando tiene que lavar los platos, le duelen las manos. Después de planchar, le duelen los dedos. Cuando pasa la aspiradora, le duele la espalda. Cuando tiene que lavar el carro, le duelen los brazos. Después de arreglar su habitación, siempre le duele la garganta. Cuando termina de hacer las tareas, le duelen los ojos. Pero cuando sale con sus amigos, está lleno de energía y no le duele nada. Por las noches, juega videojuegos y ve televisión antes de dormir y no tiene problema en los ojos o las manos. No hace ejercicio y no practica deportes porque se levanta siempre muy tarde. Siempre está muy cansado después del colegio y toma una siesta a las cuatro. ¿Qué le pasa, doctor?

1 Emerson has pain in his fingers after

   a doing the washing up b washing the car c doing the ironing

2 Emerson's back hurts after

   a washing the car b vacuuming c tidying his room

3 Emerson has a sore throat after

   a tidying his room b going out with his friends c playing sports

4 Emerson's eyes hurt after

   a watching TV b playing video games c doing his homework

5 In the evenings, Emerson

   a goes out with friends b has a nap c plays video games

8 ¿Qué te gusta hacer en tu tiempo libre? Escribe un párrafo.

What do you like doing in your spare time? Write a paragraph.